FASHION LEGENDS

Taylor Swift

Titre original : *Taylor Swift. The Story of a Fashion Icon*

Cette édition a été publiée en 2024 par Welbeck,
une marque de HEADLINE PUBLISHING GROUP
qui fait partie de Hachette UK
Carmelite House
50 Victoria Embankment
London EC4Y 0DZ
www.headline.co.uk
www.hachette.co.uk

Pour l'édition française :
Traduction : Louise Courtin
Mise en page : Laetitia Perotin

6, rue du Mail - 75002 Paris
www.victoires.com

ISBN 978-2-8099-2045-1
Dépôt légal : 2e trimestre 2024

MIXTE
Papier | Pour une gestion forestière responsable
FSC® C023419
FSC www.fsc.org

Imprimé en Italie

FASHION LEGENDS

Taylor Swift

L'histoire d'une icône mode

Glenys Johnson

ÉDITIONS
PLACE DES
VICTOIRES

Introduction

Depuis la sortie de son premier single – « Tim McGraw » – en 2006, Taylor Swift a prouvé que le pouvoir d'une pop star peut aller bien au-delà des chansons entraînantes et des tournées à guichets fermés. La native de Pennsylvanie allait se forger une carrière comme personne n'en avait jamais vu. Entre ventes record, procès médiatisés (pour conserver les droits sur sa musique) et surveillance de la presse concernant ses choix romantiques et sa vie privée, l'autrice-compositrice-interprète en est venue à faire de ses vêtements un outil de communication, nous incitant à lire autrement ses choix en matière de mode.

Fille d'Andrea et Scott Swift née le 13 décembre 1989, Taylor Alison Swift allait vivre ses premières années comme de nombreux États-uniens de la classe moyenne, passant le plus clair de son temps à gambader dans la plantation de sapins de Noël qui entourait sa maison. On rapporte qu'elle aurait composé sa première chanson à l'âge de huit ans, comme un exutoire pour exprimer la frustration de se sentir rejetée par ses camarades d'école. Elle raconta dans un entretien de 2008 pour *Women's Health* : « C'est ma façon de m'en sortir [...]. J'écris quand je suis frustrée, en colère ou perdue. J'ai trouvé un moyen de faire de tout ça quelque chose de bien. »

DOUBLE PAGE PRÉCÉDENTE Taylor était assise aux côtés de Yolanda Hadid, Anwar Hadid, Martha Hunt et Lewis Hamilton au premier rang du défilé Tommy Hilfiger pendant la *Fashion Week* de New York, le 9 septembre 2016.

CI-CONTRE La jeune Taylor chante l'hymne national des États-Unis lors du match opposant les Pistons de Détroit aux 76ers de Philadelphie en avril 2002.

Taylor
Alison
December 13, 1989
Photographs, Taylor Swift, c.1990s

the stacks went up 5 points last night!
Taylor S.

DOUBLE PAGE PRÉCÉDENTE Des photos d'enfance et des objets à caractère sentimental sont présentés dans une vitrine de l'exposition « The Taylor Swift Experience » au GRAMMY Museum, à Los Angeles, le 12 décembre 2014.

CI-DESSUS En 2014, au GRAMMY Museum, à Los Angeles, les visiteurs de l'exposition « The Taylor Swift Experience » pouvaient voir cette photo de Taylor âgée de cinq ans.

Rester proche de millions de fans à travers le monde tout en arborant des robes Oscar de la Renta sur mesure lors d'événements prestigieux et des bodys scintillants sur scène n'est pas chose facile. Pourtant, Taylor Swift l'a fait (et c'est sans doute l'une des raisons pour lesquelles ses fans l'aiment tant). Et ils l'aiment énormément. La passion des «*Swifties*» a même réussi à provoquer un véritable tremblement de terre.

En dehors de son travail, dans ses choix vestimentaires, Miss Swift allait connaître une évolution qui rappelle celle de nombreuses jeunes femmes du monde entier, essayant différents looks, souvent composés de marques de prêt-à-porter associées à des touches plus luxueuses. Taylor a grandi à mesure que sa communauté de fans s'élargissait. Et avec leurs surprises cachées (des allusions, souvent en lien avec ses prochaines sorties musicales), les tenues de la chanteuse états-unienne fascinent souvent autant ses admirateurs que les paroles de ses chansons.

Bien qu'assistée depuis longtemps par son styliste Joseph Cassell Falconer, Taylor a prouvé sa capacité unique à orienter ses looks selon ses préférences, réduisant le risque d'apparaître comme un produit de l'industrie trop lisse. Journaliste du *New York Times*, Vanessa Friedman aborda cet aspect du succès de la star comme icône de la mode, expliquant: «Miss Swift (avec son styliste Joseph Cassell Falconer) est la maîtresse de sa propre garde-robe et ses fans, dont beaucoup viennent habillés comme leur Taylor préférée, peuvent s'identifier.»

Alors que Taylor mûrit et évolue en tant qu'artiste, les fans et la pop culture continuent d'être influencés à la fois par ce qu'elle transmet dans sa musique et par ses choix vestimentaires – et c'est ce que nous allons voir.

Trajectoire

CHAPITRE 1

Stylistique

La jolie fille de la campagne

Taylor Swift (2006)

Quand Taylor Swift signa son premier contrat avec Sony Records en 2005, l'idée de devenir une icône de la mode était sans doute loin des pensées de l'adolescente de quinze ans d'une petite ville de Pennsylvanie. Sa garde-robe ressemblait à celle de nombreux ados de l'époque. Pendant les années 2000, les bonnets mous, les mini-robes à volants, les bottes pointues et les bandeaux étaient partout. Et d'après les premières photos promotionnelles de Taylor, à l'époque, elle était bel et bien une amatrice de ces tendances. On pouvait voir ses boucles blondes hors du commun tomber sur des tee-shirts illustrés portés avec l'incontournable jean taille basse. Son maquillage de base comprenait la fameuse ombre à paupières crème scintillante qui séduisait tant d'ados de l'époque, accompagnée de quelques strass autocollants très nouveau millénaire autour des yeux dans le clip de « Teardrops on My Guitar ». Et bien sûr, la trousse à maquillage de Taylor contenait toujours un tube de gloss rose. Tout cela soulignait la possibilité de s'identifier à cette chanteuse accessible.

Taylor assiste aux 41es Academy of Country Music Awards (ACM) au MGM Grand Garden Arena, le 23 mai 2006 à Las Vegas, Nevada.

MGM GRAND
LAS VEGAS
ACADEMY
of COUNTRY MUSIC
awards

Swift

« Le style c'est très ***personnel*** *; c'est votre manière d'être un* ***individu.*** *»*

TAYLOR SWIFT

Les fans de longue date de Taylor se souviendront de l'époque où la star ne se lassait pas des santiags personnalisées, comme celles que l'on voit ici pendant un concert à Las Vegas, Nevada, en 2007.

En 2006, la renommée de Taylor se développa rapidement avec la sortie de son premier album homonyme. Elle était devenue l'une des préférées du public de la chaîne CMT (Country Music Television) et ses singles grimpèrent rapidement les classements internationaux en country et en pop. Sa présence sur MySpace participa aussi beaucoup à son succès. Taylor communiquait directement avec ses fans sur ce réseau social de référence, leur donnant l'impression de participer à son ascension vers la gloire. Ses tenues reflétaient également cette humilité des débuts de sa carrière. Les bottes de cow-boy étaient souvent incontournables, pour fouler les tapis rouges comme sur scène, associées à des mini-robes caraco et des anglaises. Ces ensembles commencèrent à incorporer des éléments plus voyants, qui dénotaient une approche « princesse pop espiègle ». Sachant que Taylor n'avait que dix-sept ans, cela montrait son évolution en tant qu'artiste mondiale et phénomène adolescent s'amusant comme une folle sous nos yeux.

Taylor porte un ensemble caractéristique de son premier style, composé d'une robe d'été « hippie chic » et de bottes de cow-boy, sur scène à Kansas City, en mai 2007.

Fearless (2008)

Avec la sortie de *Fearless*, son deuxième album studio, en 2008, l'allure de Taylor devint plus représentative de la célébrité à laquelle elle accédait avec rapidité. Les invitations à des événements prestigieux affluaient et sa confiance devant les caméras s'affirmait. Ce sentiment se reflétait aussi dans l'écriture de l'album, dont les thèmes centraux piochaient dans les contes de fées et les romans à l'eau de rose, avec un ton que seul un journal intime d'adolescente peut prendre. Les effets métallisés semblaient envahir les looks, avec des tissus chatoyants et de nombreux éléments iridescents. Mais le changement stylistique le plus important de cette époque fut l'introduction de la mini-robe inspirée des garçonnes des années 1920 qui, au fil des transformations perpétuelles de la garde-robe de la chanteuse, allait en devenir un pilier pour la décennie à venir (et au-delà).

Assortis aux robes pailletées qui aidèrent à définir l'esthétique de l'époque *Fearless*, beaucoup des maquillages de la chanteuse insistaient aussi sur les tons dorés et les teintes chatoyantes, accompagnant le côté «conte de fées» de l'album. Son rouge à lèvres s'en tenait principalement à des roses layette et des mauves doux – mais cela allait changer sur le plateau d'une séance photo pour *Allure* à New York, en février 2009. Gucci Westman, maquilleuse des stars et fondatrice de la marque de maquillage Westman Atelier, était présente ce jour-là. Elle raconte que sa vision pour le look était

En août 2009, Taylor se rendit à New York avec la tournée *Fearless* et porta ce chatoyant modèle de Mandalay.

CI-DESSUS Taylor arbore une robe babydoll blanche, des santiags métallisées et un bandeau scintillant très tendance pour la remise du prix d'Artiste de la décennie des 44es Academy of Country Music Awards, le 6 avril 2009, au MGM Grand de Las Vegas, Nevada.

CI-CONTRE Pour assister aux 43es Country Music Awards à Nashville, Taylor portait une robe bustier de la collection automne-hiver 2009-2010 de Reem Acra.

CMA
43rd
AWARDS
abc

influencée par les pin-up des années 1940 d'Alberto Vargas, avec leurs lèvres rouge vif et leur peau pâle. Mais sa suggestion de couleur rencontra apparemment une certaine résistance, Westman déclarant dans un entretien de 2023 pour *Insider* que la posture de Taylor était qu'elle « ne portait pas de rouge ». La maquilleuse raconta qu'il lui avait fallu obtenir l'assentiment d'Andrea Swift (la maman de Taylor) pour utiliser cette couleur audacieuse. Cette prise de risque allait jouer un rôle déterminant dans le développement du style de la star et influencer certaines de ses compositions les plus emblématiques, le rouge étant cité dans au moins sept de ses chansons. En septembre 2009, Taylor allait souvent montrer son goût pour cette teinte classique, l'arborant même avec son époustouflante robe KaufmanFranco lors des MTV Video Music Awards 2009 (oui, lorsqu'elle fut interrompue sur scène par un certain rappeur).

Speak Now (2010)

L'époque *Speak Now* représente un moment clé dans la carrière de Taylor Swift – pas seulement en tant que pop star et interprète, mais comme artiste dans un sens plus large. Et sa garde-robe connut un changement et une croissance similaire par rapport à ses looks précédents, qui mettaient en avant une allure angélique. L'album de 2010 était le fruit de deux ans d'écriture qu'elle dirait essentiels à son évolution, déclarant dans les notes de la réédition de l'album en 2023: « Je voulais m'améliorer, me lancer un défi et me perfectionner en tant qu'autrice, artiste et interprète. » La chanteuse parla elle-même des morceaux comme « sans filtre et puissants » et son engagement dans une approche plus sensible, mais mature, se reflétait aussi dans ses choix vestimentaires: les décolletés cœurs, les babies à talons et ces fameuses lèvres écarlates étaient là pour dire au monde que la jeune star grandissait.

Taylor joua au Madison Square Garden à New York le 22 novembre 2011. Elle portait une robe Susan Hilferty sur mesure avec un décolleté cœur et ses cheveux étaient coiffés en une queue-de-cheval haute pendant une partie du concert.

Taylor portait un haut à carreaux d'Anthropologie avec des bottes en cuir au genou, un bonnet mou et une sacoche Ralph Lauren pour son passage dans *Late Show With David Letterman* au Ed Sullivan Theater, à New York, le 26 octobre 2010.

Le lilas et le violet vif jouèrent un rôle important dans l'identité du look de l'époque *Speak Now*, Taylor choisissant une robe bustier en mousseline de soie violette de Reem Acra pour la couverture de l'album en 2010. La version rééditée de celui-ci, sortie en juillet 2023, présenterait aussi un modèle de la couturière libanaise, dans une teinte plus claire, cette fois. L'un des essentiels de la garde-robe de Taylor pour la tournée *Speak Now* en 2010 serait une robe dos-nu Susan Hilferty sur mesure, qui inspira rapidement des copies à d'innombrables marques de prêt-à-porter pour que les *Swifties* du monde entier puissent endosser le costume de la grande TS.

C'était le moment parfait pour que Taylor fasse appel à des experts concernant sa garde-robe. Bien qu'elle ait toujours aimé se mettre sur son trente-et-un et créer des looks qui lui permettaient de s'exprimer, sa notoriété était plus grande à chaque seconde et elle avait besoin de quelqu'un pour lui présenter de nouveaux couturiers. Une aide pour modeler son image, afin qu'elle corresponde à celle qu'elle imaginait, était indispensable à son succès sous les feux de la rampe. C'est alors que Joseph Cassell Falconer entra en scène. Originaire de Nashville, il rejoignit «l'équipe Swift» avant la tournée *Speak Now* et travailla avec la star, alors âgée de vingt et un ans, sur un grand nombre de ses tenues les plus célèbres au cours des décennies qui suivraient, y compris la plupart de ses looks pour le tapis rouge et des costumes de tournées qui allaient faire les gros titres. Dans une interview de 2013 pour *The Hollywood Reporter*, Taylor raconta leur première rencontre: «Joseph est arrivé avec une pleine armoire d'options et de chaussures, ce qui était une bonne chose, parce que le styliste de la prise de vue avait lâché l'affaire. [...] Il a toujours deux temps d'avance sur moi, quels que soient mes besoins, un rouleau à charpie, des lunettes de soleil, des chaussures. [...] Et il a une option de secours et des panneaux de tissu en plus, juste au cas où!»

« Je ne vais pas m'asseoir là et dire : "Oh, j'aimerais ne pas avoir eu des cheveux qui tire-bouchonnent et porté des santiags et des robes d'été aux cérémonies de remise de prix quand j'avais dix-sept ans ;

DOUBLE PAGE SUIVANTE Valentino fournit à Taylor cette splendide robe pour sa tournée mondiale *Speak Now* en 2011, photographiée ici le 22 novembre 2011 lors de l'un de ses concerts à guichets fermés à New York.

J'aimerais ne pas être passée par cette phase contes de fées où je voulais porter des robes de *princesses à toutes les* cérémonies." *Parce que j'ai fait ces* choix. *Je les ai faits. Ça fait partie de* mon *évolution.»*

Féminité marquée

Red (2012)

L'un des styles les plus reconnaissables de Taylor fut celui de l'époque *Red*. Accompagnant l'album qui nous a donné «22» et «We Are Never Ever Getting Back Together», le look *Red* se définit par de fortes influences vintage associées à une palette de couleurs épurée faite de rouge écarlate, de blanc éclatant et de noir indémodable. Ce serait aussi une période charnière pour la chanteuse, qui mit sous les projecteurs le «style Tumblr», caractérisé par la mode «hipster» qui imprégnait la plateforme de blog emblématique de cette décennie. Chapeaux-melons, tee-shirts imprimés et le fameux combo crop top/short taille haute que de nombreuses blogueuses mode de l'époque arboraient fièrement sur leurs selfies. Et bien sûr, il y avait les lunettes de soleil. Celles en forme de cœur figurèrent parmi les préférées des *Swifties* après que la star les a portées dans le clip de «22», en alternance avec les classiques *Wayfarers* de Ray-Ban. Elle allait faire de ces dernières un véritable élément de base dans ses accessoires au cours de la décennie à suivre et après, les arborant souvent avec ses tenues de ville. Et puis, évidemment, il y avait le rouge à lèvres rouge vif –

CI-CONTRE Jenny Packham fournit à Taylor cette robe à fleurs pour la participation de la chanteuse aux 46es Country Music Association (CMA) Awards à Nashville, Tennessee, en novembre 2012.

DOUBLE PAGE SUIVANTE Beaucoup reconnaîtront cette tenue de scène de la tournée *Red* de Taylor, mais elle porta pour la première fois cet ensemble Marina Toybina sur mesure aux MTV Europe Music Video Awards le 11 novembre 2012.

46TH CMA AWARDS
CMA AWARDS
46TH CMA AWARDS
CMA AWARDS
46TH CMA AWARDS
CMA AWARDS

« Je passe par des phases différentes avec le maquillage et j'essaie toujours de nouvelles choses. Sauf que je ne m'éloigne jamais beaucoup du rouge à lèvres rouge, pas vrai ? »

Taylor porte une robe à fleurs d'inspiration vintage pour une sortie à New York le 22 octobre 2012.

l'élément le plus emblématique de l'époque *Red*. Bien que nous sachions que l'histoire d'amour de Taylor avec cet incontournable du maquillage avait commencé quelques années plus tôt, beaucoup allaient l'associer à l'époque *Red*, car il devint alors la base de presque tous ses looks. Lorrie Turk, experte en maquillage de longue date de Taylor, est connue pour rester muette concernant les produits spécifiques qu'elle utilise sur la star, mais a communiqué quelques-uns de ses rouges à lèvres rouges préférés: *Ruby Woo* de chez MAC, le *Velvet Matte Lip Pencil* de NARS en« Dragon Girl » et le rouge à lèvres crème *Exhibitionist* de CoverGirl en « Hot ».

L'époque *Red* allait aussi prouver le pouvoir des coiffures de Taylor dans la consolidation des images associées à ses albums. Bien qu'elle ait parfois flirté avec la frange auparavant, *Red* a vu la chanteuse adopter cette coupe et dire adieu à ses boucles fluides et gorgées de soleil, leur préférant une frange droite et de légères ondulations dans un blond cendré doux. L'histoire raconte qu'elle sauta le pas lors d'une séance de pose pour le magazine *Vogue* avec le célèbre photographe Mario Testino la veille de son vingt-deuxième anniversaire. Évoquant ce changement dans une vidéo qui dévoile les coulisses du shooting, Taylor expliqua qu'ils essayaient de faire une fausse frange avec des extensions jusqu'à ce qu'elle dise: «Vous savez quoi, coupez-les ! C'est *Vogue*, pourquoi pas? Donc maintenant, j'ai une frange.»

Taylor donna le coup d'envoi de l'époque *Red* en participant aux MTV Video Music Awards le 6 septembre 2012 à Los Angeles, Californie, dans un haut à rayures rouges et un short taille haute noir.

1989 (2014)

L'époque *1989* fut marquée par des looks raffinés, mais gais. Des coupes épurées, des couleurs fraîches et des talons vertigineux définirent cette période, le *blunt bob* de Taylor leur ajoutant un soupçon de maturité. Ce fut aussi à ce moment que l'obsession de la *it-girl* connut un nouvel essor, des stars comme Gigi Hadid, Cara Delevingne, Karlie Kloss et Lily Aldridge se faisant alors une place parmi les femmes les plus admirées au monde. Elles apportèrent une combinaison unique de styles frappants associés à une attitude désinvolte difficile à imiter. Les tenues de Taylor de l'époque *1989* prouvèrent qu'elle était capable de réussir le look «mannequin au repos» mieux que... les stars des défilés elles-mêmes. En 2015, elle allait remporter des récompenses qui dépasseraient la sphère musicale et recevrait des titres tels que Femme de l'année pour *ELLE Style*. Le magazine faisait son éloge dans un article en ligne pour sa capacité à «passer aisément du look citadin chic aux robes couture glamour sur le tapis rouge».

La tournée *1989* connut une série d'ensembles de bombers et jupes scintillantes de Jessica Jones, comme celui photographié ici pendant un concert, le 6 juin 2015 à Pittsburgh, Pennsylvanie.

« Il y a quelque chose à New York qui me donne envie de bien m'habiller. »

Taylor portait un haut Zara, un short River Island et des escarpins bleu layette Pedro Garcia quand elle s'aventura dans West Village, à New York, le 26 mai 2015.

GRA
WARDS
ARDS
GR

Lors de cette période, Taylor parut aussi plus souvent en public que jamais auparavant. Ses comptes Instagram et Twitter furent d'une grande aide à la chanteuse pour façonner son image et tisser des relations avec ses fans du monde entier. Mais avec cette célébrité croissante, l'époque *1989* allait également faire d'elle la cible des tabloïds et d'autres stars, qui la critiquaient et lançaient des rumeurs sur son comportement en coulisses. Plutôt que de paniquer sous la pression de la nécessité de se défendre, elle décida de prendre du recul pour se préparer à raconter sa version de l'histoire – et cette fois, ce ne serait pas par des déclarations dans la presse, mais d'une façon telle que personne ne pourrait l'ignorer.

La rédactrice de mode Halie LeSavage expliqua dans un article de 2017 pour *Glamour*: «*1989* marqua son plus grand changement de style avant *reputation*. Tout à coup, Swift vivait à New York et n'était plus que bodys pailletés et découpes suggestives. Même avec ce nouvel arsenal de costumes étincelants de "pop star", Taylor Swift était toujours Taylor Swift – cependant, elle était au sommet de sa carrière et avait la garde-robe de star de circonstance. [...] Le luxe – qu'il découle d'une de ces robes de soirée ou d'un groupe d'amis prestigieux – forma partie intégrante de son image, aux côtés des paroles significatives qui sont la marque de fabrique de ses chansons.»

En février 2015, Taylor foula le tapis rouge des 57es Grammy Awards dans une robe Elie Saab époustouflante avec un effet métallisé et des talons magenta Giuseppe Zanotti.

« *J'adore comme elle [la mode] peut marquer le* **passage du temps.** *En ce sens, elle est comme mes chansons*

– tout cela aide
à savoir *où j'en*
étais à différents
moments de
ma vie.»

reputation (2017)

L'attention médiatique dont Taylor fut l'objet pendant sa carrière arriva à un point critique vers 2016, quand le drame Kanye West/Kim K atteignit un niveau sans précédent. Le rappeur et sa femme de l'époque lancèrent une sorte de campagne contre la chanteuse en dévoilant l'enregistrement d'une conversation téléphonique avec la star qui impliquait que celle-ci avait accepté que Kanye West sorte une chanson qui parlait d'elle dans des termes plus que péjoratifs (ce que Taylor Swift démentit par la suite dans un post Instagram). Beaucoup commencèrent à se dire que l'image de douce fille du Sud devenue une icône pop qu'elle renvoyait n'était pas une représentation fidèle de cette jeune femme de vingt-six ans et la considérèrent comme une cible désignée pour le harcèlement et les agressions. Le symbole du serpent fut souvent utilisé par ceux qui la pensaient malhonnête à différents titres. Ce fut probablement ce qui conduisit Taylor à rester dans l'ombre, poussant les fans à se demander ce qui allait suivre. Détruisant ses looks féminins enjoués et innocents, Taylor se créa une image plus sombre et plus agressive avec la sortie du single «Look What You Made Me Do» le 24 août 2017. Le clip qui l'accompagnait la montrait dans des tenues de cuir ornées de pointes de métal et son célèbre rouge à lèvres cerise avait pris une teinte cramoisie profonde. Le ton était indéniablement plus orageux et les critiques continues étaient évoquées par le motif du serpent dans la vidéo, dans la garde-robe de la tournée qui suivit et même comme décoration de son micro lors de plusieurs concerts de l'époque.

Taylor quitte son appartement new-yorkais en juillet 2018 portant des lunettes noires Fendi, un haut en dentelle IRO, une brassière Versace et une jupe à imprimé de chez R13.

rep
rep
rep
rep

rep
rep
rep
rep
rep
rep
rep
rep

En plus de prendre de la distance avec les réseaux sociaux – ce fut la fameuse année où elle effaça le contenu de ses comptes Instagram et Twitter pour prendre un nouveau départ –, Taylor se tint également à l'écart de nombreux événements publics à cette période, dans un contraste saisissant avec les années précédentes au cours desquelles elle avait été l'une des célébrités les plus photographiées au monde. Les paparazzis ne repérèrent la chanteuse qu'à des occasions rares et éloignées dans le temps (on estime le nombre de fois où elle fut aperçue en 2017-2018 à cinq à peine). Quand Taylor décidait de sortir, ses tenues mêlaient un aspect sombre et dramatique nouveau à sa célèbre énergie de fille simple. L'une de ses principales tenues décontractées consistait en une jupe en jean à imprimé léopard et un tee-shirt de dentelle, assortis d'un sac léopard Stella McCartney. À l'autre bout du spectre, elle arbora avec fierté une splendide robe Versace rose aux Billboard Music Awards 2018, événement qui marqua sa première apparition publique en près de deux ans. L'époque *reputation* fut vraiment l'une des plus dramatiques, si ce n'est la plus dramatique, pour Taylor en termes de musique et de mode. Beaucoup supposèrent que la star allait poursuivre sur ce chemin et transformer ainsi radicalement sa carrière. Mais les vrais *Swifties* savent que ce n'est pas comme ça que fonctionne Miss Swift – et de nouvelles réinventions étaient à venir.

DOUBLE PAGE PRÉCÉDENTE Les bodys Jessica Jones de la tournée *reputation*, comme celui-ci, photographié en juillet 2018 dans le New Jersey, font partie des costumes de scène préférés des fans de Taylor.

CI-CONTRE Taylor fait une apparition surprise aux Billboard Music Awards en mai 2018, dans une robe de soirée Versace rose avec des boucles d'oreilles artisanales Hueb et des chaussures Casadei.

MGM GRAND
LAS VEGAS
NBC
NBC

Lover (2019)

Alors que *reputation* répondait aux critiques d'une poigne d'acier, l'album suivant de Taylor, *Lover*, parlait sur un ton plus optimiste d'assumer qui elle était en tant que figure publique et d'accepter que, quelles que soient ses actions, il y ait toujours des gens qui n'apprécieraient pas. Dans un TikTok LIVE, elle décrivit l'album comme issu d'un «endroit ouvert, libre, romantique et fantasque». Et nous voyons bien que c'est également le cas de sa garde-robe. Le premier single tiré de l'album, «You Need to Calm Down» abordait directement le retour de bâton qu'elle connut après avoir pris parti comme alliée de la communauté LGBTQI+. La palette de couleurs de la tournée *Lover* jouait avec les tons pastel et les arcs-en-ciel baignés de soleil aux côtés de motifs comme des papillons et des chatons, qui montraient son désir de célébrer la joie et les petites choses de la vie. Oh, et bien sûr, il y avait des sequins et des paillettes. Beaucoup.

Le 23 avril 2019, Taylor assista au Gala du TIME100 à New York dans une robe rose pastel et jaune de J. Mendel avec des bijoux de Lorraine Schwartz.

Cadillac
Cadillac
TIME
100
Cadillac
Cadillac
TIME
100
TIME
100
Cadillac

En plus de l'album, la chanteuse sortit également une ligne de vêtements, conçue en collaboration avec la créatrice britannique Stella McCartney. Après s'être liées d'amitié pendant le séjour de Taylor à Londres, les deux femmes décidèrent de donner vie à l'ambiance de l'album par une collection en édition limitée: sweat-shirts avec ou sans capuches, tee-shirts et même un bomber – ornés pour la plupart de paroles de Taylor ou d'un logo représentant le duo de créatrices.

En termes de style, l'époque *Lover* s'est avérée être la préférée des *Swifties* qui aiment les couleurs pastel, immédiatement reconnaissable à ses nuances bleu et rose layette. Dans un entretien exclusif avec *The Independent*, elle partagea sa source d'inspiration pour l'esthétique de l'album: «Je voulais que ce soit comme le ciel après une tempête. Coloré, calme, curieusement plus beau qu'il ne l'a jamais été.» Au-delà de la garde-robe très *tie & dye* adoptée par les fans du monde entier, les maquillages sont devenus cultes pour les *Swifties*. Un cœur dessiné en paillettes autour de l'œil droit est un symbole permettant d'identifier immédiatement les fans de l'album ou de l'époque dans le public innombrable des concerts de Taylor.

Taylor portait une veste rose et une chemise à imprimé YSL avec un short à paillettes IRO à son arrivée au Stonewall Inn pour chanter à une soirée Pride en juin 2019.

« Swift a troqué ses serpents et sa dureté pour des papillons et des nuances pastel, un symbole de la façon dont **elle choisit de se définir** *comme une amoureuse plutôt que comme une combattante. »*

HANNAH ANGELL, *THE SPECTATOR*

Taylor reçoit le prix d'Artiste de l'année aux American Music Awards le 24 novembre 2019, portant une cape sur mesure de son styliste, Joseph Cassell Falconer, et un body de Jessica Jones.

La reine du *cottagecore*

folklore/evermore (2020)

Il n'y eut pas que la sortie de *folklore* en juillet 2020 qui surprit le public, mais aussi le style, le son et l'imagerie associés à l'album. La sortie de celui-ci, qui ressemblait plus à ce que ferait une chanteuse folk des années 1970 qu'une pop star milliardaire, ouvrit un tout nouveau chapitre pour Taylor – bien plus atmosphérique et chaleureux que jamais par le passé. Il allait marquer un tournant dans sa carrière en accordant une place plus importante à l'élément artistique, ce que vinrent confirmer les collaborations avec des musiciens indés comme Aaron Dessner de The National et Justin Vernon de Bon Iver.

Là où son précédent album, *Lover*, présentait des couleurs vives, des formes et une iconographie gaies, *folklore* était tout en teintes douces et noir et blanc, rappelant des photographies anciennes. Les tenues de la chanteuse suivaient la même tendance down-tempo. Contributrice de *Vogue UK*, Rosalind Jana décrivit cette esthétique: «Le grain des paysages boisés dans lesquels Swift évolue parée de carreaux, de dentelles, de vêtements amples et de pulls douillets n'est pas là juste pour l'ambiance, mais convient admirablement à ce moment durant lequel nous avons recherché les baumes jumeaux du confort et de l'évasion.»

Lorsqu'elle assista aux 55es Academy of Country Music Awards en septembre 2020, Taylor portait du Stella McCartney de la tête aux pieds.

Alors que la plus grande partie du monde était à l'arrêt, Taylor montra sa dimension réflexive en combinant des pièces qui évoquaient l'Amérique des petites villes. Gilets de laine, velours côtelé, vichy et volants de mousseline prirent vie à l'époque de *folklore* et d'*evermore*. Taylor prouva au monde que malgré le faste et le glamour dont elle fit étalage pendant une bonne partie de son accession au rang des femmes les plus influentes au monde, elle était aussi une femme de la vingtaine qui n'avait pas peur de ralentir et de chercher le confort comme la plupart des gens à l'époque. Bien que soucieuse de mettre en valeur les pièces vintage, des marques comme Free People, Magnolia Pearl et, bien sûr, Stella McCartney l'aidèrent aussi à façonner l'esthétique de *folklore*, faite de nuances chaudes, de textures familières et de silhouettes inspirées par la tradition.

En condensé, l'époque *folklore*/*evermore* de Taylor est une carte de visite pour le *cottagecore*. Mais il faut noter que ce genre/esthétique/mode/religion est plus ancien que cette affinité. En juillet 2020, le magazine *W* publia un article en ligne intitulé «Taylor Swift a découvert le *cottagecore*», dans lequel le journaliste Kyle Munzenrieder résumait ce phénomène, expliquant: «Le *cottagecore* est une esthétique qui circule dans les posts Tumblr et les planches Pinterest depuis un moment, mais a trouvé une nouvelle

Taylor chante aux Grammy Awards 2021 dans une robe fluide Etro, faite sur mesure pour la star.

pertinence à la fois grâce au confinement et à sa résurgence sur TikTok. L'ambiance est assez explicite : imaginez une vie romancée dans un chalet au milieu de nulle part. Pensez promenades dans les bois, vêtements féminins et fluides, pain fraîchement cuit, travaux d'aiguilles et rédaction d'une lettre au coin du feu en buvant une boisson chaude dans un service à thé. » Des groupes comme The National et le groupe indé Bon Iver ont été sacrés rois de cette scène des années avant la sortie de *folklore/evermore*. Ils étaient donc un choix évident pour collaborer à l'album.

evermore suivit rapidement *folklore*, arrivant dans les bacs à peine cinq mois plus tard, en décembre 2020. En ce qui concerne le style associé à l'album, la chaleur nostalgique de *folklore* demeure, une grande partie des images de presse d'*evermore* comportant des modèles de Stella McCartney, y compris la veste à carreaux de la pochette de l'album (qui allait devenir l'une de celle que les *Swifties* préfèrent imiter).

La routine beauté de Taylor s'allégea également à cette période, permettant à ses ondulations naturelles de revenir après des années de lissage, les carrés droits laissant la place à une pousse naturelle, en accord avec les coupes moins sophistiquées de la plus

Le modèle Etro lors de l'avant-première pour la presse de l'exposition « Power of Women in Country Music » au GRAMMY Museum à Los Angeles, le 26 mai 2022.

grande partie de la population. Regorgeant auparavant de rouges à lèvres rubis et d'eye-liners effilés, sa trousse à maquillage prit aussi un peu de repos, avec un minimum de cosmétiques utilisés pour la plupart de ses photos.

Puis, quand le monde recommença à s'ouvrir et que Taylor reprit ses concerts en direct, ce style modeste fait de lainages et de cheveux naturels se transforma pour la caméra, instillant ces thèmes dans des tenues dignes du tapis rouge, comme les vêtements Stella McCartney qu'elle revêtit (et combina elle-même) pour les 55es ACM Awards en septembre 2020. Le look était constitué d'un body bordeaux associé à un pantalon taille haute brun clair avec des jambes fuselées et des fermetures Éclair décoratives sur les poches et les revers, le tout complété par un chignon bas et un maquillage léger. Et puis il y eut la robe à fleurs Oscar de la Renta qu'elle porta aux Grammy Awards 2021 à Los Angeles, accompagnée d'un léger rouge à lèvres chair et d'une jolie coiffure tressée, alors qu'elle recevait la récompense pour l'Album de l'année, marquant sa onzième récompense aux Grammys.

CI-CONTRE Deux tenues emblématiques de l'époque *folklore/ evermore* faisaient partie de l'exposition « Taylor Swift » au Country Music Hall of Fame and Museum à Nashville, Tennessee.

DOUBLE PAGE SUIVANTE Pour la partie *folklore* de certaines dates de sa tournée *Eras* en 2023, Taylor portait ce modèle crème d'Alberta Ferretti, qui comporte des manches vaporeuses et des perles de cristal brodées.

Nostalgie enjouée

Midnights (2022)

Prouvant une fois de plus son talent pour la réinvention, c'est dans un post Instagram que Taylor annonça son album de 2022, *Midnights,* le 29 août et fit des allusions au look et à l'ambiance qui l'accompagnaient, la légende disant: «*Midnights*, l'histoire de treize nuits blanches éparpillées tout au long de ma vie, sortira le 21 octobre. Rendez-vous à minuit.» Les images de presse associées à cette sortie représentaient la chanteuse dans des pulls d'inspiration vintage réalisés dans des coloris chauds avec une coiffure et un maquillage simples et épurés. Les *Swifties* se souviendront aussi de sa série TikTok, «Midnights Mayhem With Me», treize épisodes dans lesquels elle présente à ses fans chaque piste du nouvel album. Les tenues qu'elle portait dans ces TikTok LIVE consolidèrent encore le style de l'album, inspiré des années 1970, et comportaient des pièces de marques comme Reformation, Chloé et The Row.

Le journaliste de *Vogue* Christian Allaire résuma le look de *Midnights* dans un article de 2022 intitulé «Taylor Swift est plongée dans sa période disco énergique»: «Le style adopté par Swift pour la sortie de *Midnights* offre un contraste frappant avec l'esthétique folk développée dans ses deux albums précédents, *folklore* et *evermore*, pour lesquels elle portait de gros gilets et des chemises à carreaux. Si son ancienne garde-robe évoquait le confort douillet et les nuits tranquilles à la maison, Swift est clairement prête à se montrer de nouveau et à faire la fête.»

Rappelant la fausse fourrure portée dans le clip de « Lavender Haze » en 2022, cette veste Oscar de la Renta fut portée par Taylor pendant la partie *Midnights* de la tournée *Eras* en 2023.

LT

Durant l'époque *Midnights*, on put voir une tenue de soirée sur mesure réalisée par Roberto Cavalli, bleu marine et couverte de brillants, lors des 65es Grammy Awards qui eurent lieu à Los Angeles en février 2023. L'ensemble dévoilait son ventre – dans un possible hommage à son époque *1989*, quand elle revendiquait son appartenance au club crop top/taille haute par de nombreux looks suivant ce format – et était complété par d'imposantes boucles d'oreilles Lorraine Schwartz comportant 136 carats de saphirs violets naturels, de diamants et de tourmalines Paraíba (une pierre précieuse rare venue du Brésil). Mais pour des occasions moins formelles, le style de l'époque *Midnights* restait assez simple. En juin 2022, Taylor se rendit au festival de Tribeca à New York dans une tenue Max Mara composée d'un gilet à rayures bleu marine et d'un pantalon ample assorti. Des escarpins de cuir rouge Prada de la collection 2010 de la maison de couture italienne (oui, treize ans plus tard) évoquaient peut-être délibérément la réédition de *Speak Now* qui suivrait quelques mois après. Ou s'agissait-il simplement de belles chaussures ? Seule TS le sait.

Alea Wilkins, journaliste pour le magazine *Stitch*, résuma joliment l'époque *Midnights* de Taylor, écrivant : « En artiste pleinement consciente de chaque détail et ne craignant pas les transformations, Swift développe par son nouveau style pour l'époque *Midnights* les messages clé des paroles de l'album. Sa garde-robe – des vêtements confortables portés pendant ses moments les plus sombres aux tenues de soirée couvertes de bijoux – capture tous les sentiments terribles qui nous traversent après minuit : la mélancolie, la folie et la magie. »

Taylor arrive au Beacon Theater, à New York, le 11 juin 2022, pour assister à la projection de son court-métrage, *All Too Well*.

« *Swift passe* **sans effort** *de looks d'inspiration vintage à des ensembles* **contemporains** *plus audacieux – en conservant toujours une* **allure sophistiquée.** »

CAROLYN MAIR, PSYCHOLOGUE DE LA MODE

La première apparition de Taylor sur le tapis rouge en 2023 à l'occasion des 65es Grammy Awards, dans cet ensemble Roberto Cavalli, a fait la une des journaux.

Looks

CHAPITRE 2

Clés

Quelle que soit la tenue enfilée par Taylor Swift, il semble que l'autrice-compositrice-interprète soit destinée à faire les gros titres. Cependant, parmi tous ces looks, certains ont eu un profond impact, non seulement sur ceux qui vouent à la star un amour particulier, mais aussi sur l'air du temps et, pour quelques-uns, sur l'histoire de la mode. De son soutien à des couturiers émergents à son emploi des vêtements pour faire de puissantes déclarations, Taylor n'est pas simplement une icône du style mais, comme beaucoup pourraient en témoigner, une véritable pionnière culturelle.

Dans ce chapitre, nous embarquons pour un captivant voyage à travers les looks les plus légendaires de Taylor au cours des premières décennies de sa carrière. Chaque tenue raconte une histoire singulière et, ensemble, elles forment une fresque de la trajectoire qui fit de la charmante jeune fille de la campagne de quinze ans une productrice, artiste et réalisatrice d'une trentaine d'années. Ici, nous nous plongerons dans les inspirations, collaborations et messages cachés derrière chaque look afin d'arriver à une plus grande compréhension de la femme derrière l'icône de mode.

« Le style de Taylor Swift reflète ses *choix personnels* *en matière de mode, plutôt que la conformité aux tendances de l'industrie. [...] Cette* approche authentique *a fait d'elle une* icône de la *mode* *et une figure très proche de ses fans, un peu comme la fille d'à côté, mais en mieux. »*

**CAROLYN MAIR,
PSYCHOLOGUE DE LA MODE**

Looks sobres

L'un des principaux facteurs qui distinguèrent Taylor des autres superstars au fil des années fut son apparente accessibilité – de très nombreuses jeunes femmes dans le monde peuvent facilement l'imaginer se joindre à leur groupe d'amis, pour discuter de livres autour d'un café après avoir jeté un œil dans les friperies locales. Ce pouvoir peut, en partie, être attribué aux tenues qu'elle porte entre les tournées et les événements médiatiques. Quand elle va passer du temps avec l'une de ses nombreuses amies proches comme Gigi Hadid ou Blake Lively, Taylor a tendance à se présenter dans des vêtements qui aident à raconter l'histoire qu'elle veut présenter au monde. Elle a beau être une idole pour des millions de personnes, c'est aussi quelqu'un qui aime l'équilibre entre le confort douillet pour les mois d'hiver et la fantaisie à la pointe de la mode quand l'occasion le permet.

Ce premier look est celui dans lequel la jeune Taylor quitta son hôtel à Paris pendant sa tournée *Speak Now* en 2011. L'ensemble jupe patineuse et haut à rayures atteste de l'allure mignonne et décontractée sur laquelle elle broda lors de nombreuses sorties au début de sa carrière. Les collants noirs témoignent aussi de l'innocence de notre «TayTay» à l'époque, dissimulant des jambes qui allaient devenir un élément central de son look, rarement couvertes lors de la plupart de ses apparitions à partir de 2014 (accréditant la rumeur selon laquelle elle aurait assuré ses jambes pour quarante millions de dollars en 2015). Et n'oublions pas les

Le 17 mars 2011, Taylor sortit dans Paris portant un haut rayé (qui, d'après la rumeur, viendrait de chez Zara) avec une jupe patineuse noire, des Oxford à talons et un sac-pochette Ralph Lauren.

chaussures Oxford à talons qui achèvent cette tenue, un choix que Taylor allait conserver pendant des années, tout en recevant des critiques sévères de certains journalistes mode (un article intitulé «Taylor Swift doit jeter ses immondes chaussures» fut publié en ligne par le *NY Post* en 2014). Mais, si elle finit par laisser derrière elle ces chaussures apparemment clivantes, leur présence prolongée prouve que la chanteuse n'est pas à l'abri d'un choix maladroit qui ne vieillirait pas tout à fait aussi bien qu'un bon vin. Cependant, d'après un article de 2019 dans *Elle*, intitulé «30 choses que j'ai apprises avant d'avoir 30 ans», Taylor se montre très consciente de l'importance que cela a eu sur son développement: «La mode repose sur des expérimentations ludiques. Si vous ne grimacez pas en regardant les photos de certaines de vos anciennes tenues, vous ne faites pas les choses comme il faut.» On approuve.

En 2014, les looks urbains de Taylor ont commencé à adopter un ton plus confiant, ses talons prenant de la hauteur et des pièces de couturiers (Dolce & Gabbana et Michael Kors en tête) devenant rapidement des incontournables de son vestiaire. Cette tenue incarne bien son goût pour les pièces d'inspiration vintage qu'elle commença à explorer avec la sortie de l'album *Red* deux ans plus tôt, en 2012. Sa célèbre chatte Olivia Benson dans les bras, Taylor porte une jupe patineuse à carreaux avec un simple haut à manches longues de Free People, une des marques préférées de la star depuis longtemps. Des bas ajourés apportent un peu de chaleur par cette fraîche journée de septembre, tandis que les escarpins de cuir et le sac à main Dolce & Gabbana achèvent le look avec élégance.

Taylor met en avant son ami félin en septembre 2014. Elle porte un haut de chez Free People, une jupe patineuse RD Style, des talons & Other Stories et un sac Dolce & Gabbana.

En 2015, Taylor décida de déjeuner à West Hollywood avec sa célèbre meilleure amie Selena Gomez. Elle ne se doutait pas qu'il s'agirait d'une sortie inoubliable pour ses fans – et la presse – à cause d'un accessoire en cuir particulier revêtu pour l'occasion. La chanteuse portait un haut sans manches illustré, un short, des bottines, un sac clouté Louis Vuitton et... un harnais de cuir. Internet releva immédiatement ce choix inattendu qui souleva des grandes interrogations de manière générale. Des gros titres comme « Taylor Swift porte un harnais et fait exploser Internet » et « Taylor Swift provoque l'étonnement en sortant vêtue d'un harnais en cuir » apparurent sur le Web, nombre d'entre eux soulignant le lien avec le BDSM et le fétichisme – un changement radical par rapport à ses habituelles robes d'été ou aux ensembles tee-shirt/jean souvent arborés lors de ses sorties.

Le brasier fut encore alimenté par les nombreuses personnes affirmant que le harnais était porté à l'envers, ce qui nourrissait l'argument que l'image de jolie pop star de Taylor ne cadrait pas avec la facette plus sombre que l'accessoire de cuir suggérait. Si de nombreux *Swifties* ont reconnu avoir été troublés par ce choix, ils furent prompts à remarquer que le harnais était présenté de la même manière sur le site de Free People, où Taylor l'avait obtenu. La chanteuse encaissa les critiques, répondant au chaos par le biais de son Tumblr: « Je pense que vous oubliez quelque chose de vraiment important ici... C'est que mon harnais et moi sommes toujours prêts pour une tyrolienne ou une escalade. Posez-vous la question... Seriez-vous prêt pour une aventure extrême si elle se présentait ? HARNESS LIFE 2015. »

Le harnais Free People qui défraya la chronique, porté ici en juin 2015 avec un haut Rachel Platten, un short de chez James Jeans et un sac clouté Louis Vuitton.

THIS
7AUM766

Remarqué pour avoir figuré dans *Miss Americana* (2020) (le documentaire primé de Lana Wilson sur la vie de Taylor), ce look décontracté a eu un impact important. Il est composé d'une chemise blanche de Unravel Project, d'un short en jean déchiré Gucci et de boots de cuir Tod avec des coutures apparentes blanches et rouges. Les accessoires comprenaient un sac de tweed Tommy Hilfiger et des boucles d'oreilles en chats de chez Miu Miu. « Parce que si on peut faire confiance à Taylor Swift pour quelque chose, ce sont les adorables accessoires chats. Ceux-là, au moins, comportent des perles. Parce que ce sont des chats classe », disait la légende sur *TaylorSwiftStyle.com*, la bible non officielle pour tout ce qui concerne la garde-robe de la star. En plus de faire un clin d'œil à son amour pour les félins, la tenue est aussi un rappel notable de l'impact qu'une attention écrasante peut avoir sur Miss Swift. Dans *Miss Americana,* Taylor porte cette tenue en sortant de chez elle, à New York, assaillie par des fans qui hurlent, et monte dans une voiture où elle déclare à la caméra : « Donc ça, c'est devant chez moi. Et je suis bien consciente que ça n'est pas normal. »

En 2023, Taylor affronta la célèbre chaleur de la Grosse Pomme dans un look comportant certaines des marques les plus chères à son cœur (avec des détails personnels, bien sûr). Le haut corseté couvert de roses vient de chez Free People et elle le porte avec un short en jean noir classique et des mules à bride arrière de son chouchou, Reformation. Côté accessoires, nous voyons une pochette Ralph Lauren RL, des lunettes de soleil Stella McCartney et un collier créé par son amie musicienne Phoebe Bridgers, en collaboration avec Catbird. Parce que nous savons tous que les meilleurs looks de Taylor sont ceux qui ont une valeur sentimentale.

Taylor fait une de ses rares apparitions de l'époque *reputation* en juillet 2018, dans un look composé d'un short en jean déchiré Gucci et d'un haut Unravel Project qui lui laisse l'épaule découverte.

CI-CONTRE Ce haut à fleurs Free People est porté avec un simple short noir, des mules Reformation et des lunettes Stella McCartney pendant une sortie à New York, en juin 2023.

CI-DESSUS En septembre 2023, Taylor entra dans sa phase casquettes. Celle-ci, de chez Ralph Lauren, vient compléter ce look composé d'un haut Gabriela Hearst, d'un pantalon cargo Vince et de bottes de The Row.

Tenues de scène

À mesure que la carrière de Taylor Swift gagnait en ampleur comme en profondeur, ses choix de costumes ont aussi évolué pour devenir de puissants outils dans le récit qu'elle met en scène et ont consolidé les thèmes de ses tournées et albums. De l'étincelante robe Roberto Cavalli, qui devint un accessoire indispensable pour les *Swifties* pendant sa tournée *Speak Now,* au body sur mesure de l'Atelier Versace qui illumina la scène pendant la tournée *Eras*, les tenues de concert de la star font partie de ses looks les plus reconnaissables et célèbres à ce jour. Et on comprend bien pourquoi.

L'une des premières tenues à marquer vraiment son amour pour les mini-robes scintillantes inspirées des années 1930 fut un costume de la tournée *Speak Now,* qui s'étendit sur 2011 et 2012. La robe, créée par Roberto Cavalli, allait provoquer d'innombrables copies des marques de prêt-à-porter, qui figurent encore parmi les looks favoris des fans de la star. Ce vêtement avait déjà été repéré auparavant sur Taylor, lors d'un passage dans *X Factor* (*Italie*) en octobre 2010. Tapez «robe Taylor Swift» dans Google et c'est probablement celle qui remplira la page. Des tenues similaires ont continué d'être portées par la chanteuse au fil des années, sa tournée *Eras* regorgeant de modèles de Roberto Cavalli, y compris des robes à franges, qui accompagnent ses mouvements sur scène. Les croquis du directeur artistique Fausto Puglisi, réalisés pour ces costumes de scène, sont connus pour arriver assortis de mots d'admiration pour la chanteuse, comme «Reine de l'univers!», révélant la force de leur relation. Cavalli allait aussi signer de nombreux looks

Cette robe à franges Roberto Cavalli s'est montrée à l'épreuve du temps, l'une de ses premières apparitions remontant à la tournée *Speak Now,* en 2011.

de la tournée *Eras,* y compris une tenue très proche de celle-ci, portée pendant la partie *Speak Now* du spectacle. Dans un article de mars 2023 pour *Vogue UK*, Puglisi expliqua la démarche de la marque: «Nous avons une approche artisanale du travail – quand vous créez pour un concert dans un stade avec autant de monde, tout doit attirer l'œil.» Même si ce modèle a d'abord rencontré le succès bien avant la naissance de Miss Swift, la mini-robe à franges a connu des pics de popularité en lien avec la tournée mondiale, quand des marques grand public comme Jaded Rose, ASOS et River Island emplirent leurs rayons respectifs de copies du vêtement.

L'une des huit tenues portées pendant l'incroyable tournée *reputation* fit une nette impression sur les fans – une robe sur mesure que l'on doit à Jessica Jones. La couturière de Los Angeles travailla pour la première fois avec Taylor Swift sur les costumes du clip «Bad Blood» en 2014 et collabora ensuite à plusieurs tournées, dont *1989* et la révolutionnaire *Eras*. Le modèle à manches longues, porté pendant l'interprétation de «Don't Blame Me» et «Long Live/New Year's Day», était brodé de perles dorées et argentées qui scintillaient sous les projecteurs. Les chaussures de la tournée furent fournies par le créateur français Christian Louboutin, dont les bottes Glorymount Studded Buckle Boot, portées avec cette tenue. Au moment de la tournée *Eras* en 2023, la robe qui «joue à cache-cache» avec la jambe était devenue l'une des préférées des fans et l'époque *reputation* était représentée par un modèle proche, de nouveau conçu par Jessica Jones. Cette fois, il comportait un dessin en sequins rappelant un serpent qui s'étendait sur toute la longueur du vêtement. «C'est sexy, c'est iconique et ça incarne

Taylor porte une robe Jessica Jones sur mesure et des bottes Christian Louboutin en 2018 lors de son incroyable tournée *reputation*, ici à Toronto, au Canada.

parfaitement l'esthétique de *reputation* – à tel point qu'il surpasse de loin toutes les tenues qu'elle porta pendant la tournée *reputation*», écrivit Courteney Larocca, rédactrice divertissement pour *Insider.com*, dans un article en ligne en octobre 2023.

En novembre 2019, Miss Swift enchanta ses fans en interprétant un medley de six de ses tubes lors des American Music Awards à Los Angeles. Cette performance allait revêtir une importance singulière, car la chanteuse était prise dans un conflit public avec son ancien manager Scooter Braun et Big Machine Records pour les droits de ses six premiers albums. Il était dit que si les deux parties ne parvenaient pas à un accord, Taylor Swift ne pourrait sans doute pas jouer ses morceaux à la cérémonie. Heureusement, il semble qu'un terrain d'entente ait été trouvé et Taylor put se produire – et en beauté. Elle commença le spectacle en chantant à tue-tête quelques phrases de circonstance issues de son dernier single, «The Man» (qui traite notamment du patriarcat), tiré de son album de 2019, *Lover*, vêtue d'une chemise *oversize* où étaient écrits les titres des disques pour la propriété desquels elle se battait. Avec des allusions au procès en cours, Taylor arracha ensuite cette chemise, révélant un body doré et des bottes assorties pour danser avec ses collègues artistes, Halsey et Camila Cabello. Bien qu'elle ne l'ait portée que quelques minutes, la chanteuse devait savoir que la chemise blanche avait fait sensation, car elle sortit une version tee-shirt en coton à manches longues de ce modèle dans la boutique en ligne des produits officiels Taylor Swift le lendemain. Le public de la tournée *Eras* confirma le statut culte de ce vêtement, de nombreux spectateurs l'ayant recréé eux-mêmes ou ayant enfilé l'une des nombreuses versions en vente sur Etsy.

CI-DESSUS L'époque *1989* connut une série d'ensembles assortis, dont celui-ci, avec ses pierres brillantes, signé Jessica Jones et porté avec des cuissardes Stuart Weitzman.

DOUBLE PAGE SUIVANTE Un combo crop top/short Lorena Sarbu, revêtu ici à l'occasion des MTV Video Music Awards en août 2014.

1989
RED

Le 24 novembre 2019, Taylor monta sur la scène des American Music Awards, arborant une chemise blanche couverte des titres des albums pour la propriété desquels elle se battait contre son ancien manager, Scooter Braun. La police de caractères, qui rappelle celle utilisée par les prisons, poussa Brooke Marine, rédactrice culture du magazine *W,* à conjecturer: « Le message: apparemment, Swift est maintenant une détenue de l'industrie de la musique. »

LOT
GOING
AT THE
MOMENT

« *Il est clair que pour Swift, les* costumes de scène *font autant* partie de son récit *que la musique elle-même.* »

ANNA TINGLEY
AUTRICE

DOUBLE PAGE PRÉCEDENTE Taylor se produit pendant la cérémonie d'entrée au Rock & Roll Hall of Fame de Carole King, dans une combinaison en dentelle de Sarah Regensburger portée sur un body en lamé doré de Greta Constantine, le 30 octobre 2021, à Cleveland, Ohio.

CI-CONTRE Pour la partie *Red* de sa tournée *Eras*, Taylor portait un tee-shirt personnalisé couvert de sequins d'Ashish Gupta et un chapeau Gladys Tamez, photographiés ici le 28 juillet 2023, à Santa Clara, Californie.

La tournée *Eras* entrera à coup sûr dans l'histoire pour avoir présenté certaines des tenues les plus remarquables de la carrière de Taylor. Des stades remplis à travers le monde entier virent défiler une collection de looks époustouflants, qui représentaient chacun de ses anciens albums – des mini-robes à franges de Roberto Cavalli pour rendre hommage à l'époque *Fearless* aux robes de bal hors du commun de Nicole + Felicia pour *Speak Now*. Mais l'un des modèles qui restera à jamais associé à cette tournée mondiale est, sans aucun doute, le body sur mesure de l'Atelier Versace revêtu par Miss Swift pour la section *Lover* d'un grand nombre de ses concerts. Ce dernier était couvert de paillettes et brillants dans des nuances rose et bleu pastel (une version bleu et or fit aussi quelques apparitions). Au cours de la tournée, quelques variantes furent introduites, dont certaines comportaient des franges, mais la base resta la même.

Donatella Versace se tourna vers Instagram pour exprimer son amour pour Taylor et ce body, écrivant: «Tu es à couper le souffle en Versace. Je suis tellement fière de toi. Bonne chance pour la tournée *Eras*.» Le look était complété par des bottes Christian Louboutin montant au genou, réalisées pour la tournée, ornées de strass scintillants et des célèbres semelles rouges.

CI-CONTRE Versace fournit à Taylor les bodys immédiatement culte de la section *Lover* de sa tournée *Eras*, comme on peut le voir ici le 28 juillet 2023, à Santa Clara, Californie.

DOUBLE PAGE SUIVANTE Une autre tenue de son concert de juillet 2023 à Santa Clara, Californie, pendant la tournée *Eras*. Ici, Taylor éblouit la foule avec cette robe sur mesure Nicole + Felicia Couture, portée pendant la section *Speak Now*.

Haute couture

Le tapis rouge est souvent le cadre de moments décisifs pour la carrière des jeunes artistes. Pour Taylor, les événements prestigieux allaient également être une occasion sans pareil pour communiquer avec ses fans au travers de modèles saisissants, comme ses looks décontractés ne sauraient le faire. Ces tenues l'aideraient à gagner le respect des critiques de mode internationaux, y compris celui de la grande Anna Wintour de *Vogue*. Ici, nous explorerons certains moments haute couture, qui marquèrent son évolution stylistique.

La deuxième apparition de Taylor aux MTV Video Music Awards en 2009 allait figurer dans les livres d'histoire comme l'un des moments les plus mémorables que les cérémonies de remise de prix aient connu dans les années 2000. Elle arriva sur le tapis rouge dans une robe clinquante KaufmanFranco, la marque de Ken Kaufman et Isaac Franco. Dans une interview pour le *Huffington Post* en 2017, les deux créateurs partagèrent leur point de vue sur Taylor, déclarant: «Elle a une belle voix et du talent. Et voilà, c'est dingue. Une femme formidable veut porter nos vêtements? Nous, on est là: "Désolé, on t'aime!".»

Le 13 septembre 2009, Taylor était splendide dans sa tenue KaufmanFranco Resort 2009 lors des MTV Video Music Awards, au Radio Hall, à New York.

VIDEO
MUSIC
AWARDS
09 NYC
VIDEO
MUSIC
AWARDS
09 NYC

Le modèle asymétrique de la collection KaufmanFranco Resort 2009 allait figurer dans d'innombrables articles, aussi bien en ligne que sur papier, après l'interruption par le rappeur Kanye West de Taylor, au moment où elle recevait le prix de Meilleure vidéo féminine pour son tube «You Belong with Me». L'intervention improvisée de Kanye visait à expliquer qu'à son avis, Beyoncé aurait dû remporter la récompense et non pas Taylor. Son message troubla le monde et le fait que le grand moment de la chanteuse ait été interrompu et assombri par cet éclat généra beaucoup de colère. Cet incident allait inspirer d'innombrables références dans la pop culture pendant la dizaine d'années qui suivit, y compris par Taylor elle-même: aux MTV Video Music Awards de l'année suivante, elle interpréta sa chanson «Innocent» devant des extraits de cet épisode viral. La rumeur veut que plusieurs vers de la chanson parlent de Kanye, notamment «*Thirty-two and still growing up now*» («Trente-deux ans et encore en train de grandir») et «*Who you are is not what you did. You're still an innocent*» («Tu n'es pas ce que tu as fait. Tu es toujours un innocent.»).

Le 5 mai 2014, Taylor parut dans ce qu'elle évoquerait comme «la plus belle robe [qu'elle ait] jamais portée» dans une interview pour *Vogue* quelques mois plus tard. Sa tenue pour le Met Gala consistait en une robe fluide Oscar de la Renta, des talons Christian Louboutin et une pochette d'une marque états-unienne, Edie Parker. Cet événement fut un moment féerique pour Taylor, qui déclara: «Oscar de la Renta est mon couturier préféré depuis que je suis toute petite. [...] Avoir l'opportunité de porter une robe incomparable conçue par lui est un rêve qui se réalise.» La superbe longue robe rose comportait des sequins dorés et des perles de verre dans des tons nacrés et argentés en plus de feuilles et pétales brodés au fil métallisé. Mais cette tenue éblouissante échappa de peu au désastre, suite à un incident avec l'un des félins bien-aimés de Taylor. « Ce moment où votre chat s'approche tranquillement, puis ATTAQUE brusquement votre robe en satin sur mesure Oscar de la Renta pendant votre essayage pour le Met Gala », tweeta Taylor un peu plus tôt. Les bijoux qui l'accompagnaient étaient assez simples (en tout cas, selon les standards du tapis rouge !) : deux bagues d'inspiration vintage et une paire de boucles d'oreilles en diamant rose, qui dépassaient de son carré ondulé – le tout fourni par Lorraine Schwartz. La robe se révélerait un symbole puissant d'une période particulièrement innocente de la vie de TS, portée dans le clip de « Look What You Made Me Do » par « l'ancienne Taylor » avant un plan rapide sur la star d'aujourd'hui dans une baignoire remplie de bijoux.

La tenue de Taylor pour les Grammys 2016 peut sans peine être considérée comme l'un de ses looks pour le tapis rouge les plus mémorables et les plus admirés à ce jour. Le modèle de Versace comprenait un haut bandeau orange et une ample jupe rose avec une fente audacieuse. Le carré droit et les lèvres rouges de Taylor Swift donnèrent à cette tenue un impact supplémentaire, poussant Emily Lackey à écrire dans *Bustle* que c'était une « fulgurance de couleurs » et « incontestablement un look parfait ». Arrivant avec Selena Gomez à son bras, en cavalière platonique pour la soirée, Taylor remporta ce jour-là la récompense pour l'Album de l'année – seule femme de l'histoire à avoir gagné ce titre deux fois.

DOUBLE PAGE SUIVANTE Taylor confirma son statut d'icône de la mode avec cette robe Oscar de la Renta rose pâle lors du Met Gala 2014 à New York.

S'adressant au public, elle déclara: «En tant que première femme à remporter deux fois l'Album de l'année, je voudrais dire à toutes les jeunes femmes qui m'écoutent: il y aura des gens sur votre parcours qui tenteront de saper vos succès ou de s'attribuer le mérite de vos accomplissements et de votre renommée.» Elle termina son discours ainsi: «Mais si vous vous concentrez uniquement sur votre travail et que vous ne vous laissez pas distraire par ces gens, un jour, quand vous atteindrez votre but, vous regarderez autour de vous et vous saurez que si vous êtes arrivées là, c'est grâce à vous et aux gens qui vous aiment et ce sera la meilleure sensation au monde.» Le cerveau derrière cet ensemble, Donatella Versace, déclara dans une interview pour *The Hollywood Reporter*: «Elle voulait un look à la fois jeune, sexy et frais, comme elle, qui refléterait parfaitement son caractère. Ce fut un plaisir de créer ce look pour elle. La tenue de soirée de Taylor illustre parfaitement à quel point les couleurs vives peuvent créer un effet incroyable.» Elle fit ensuite l'éloge de la star: «Je suis très fière de cette robe. Taylor est une véritable source d'inspiration. Elle est devenue en très peu de temps l'une des plus grandes icônes au monde en étant complètement elle-même.»

En 2016, l'image de Taylor s'était véritablement métamorphosée, de la jeune fille de la campagne à une icône de la mode respectée. Ce changement fut rapidement attesté par certains des noms les plus influents de la mode de l'époque, y compris Anna Wintour de *Vogue*. Non seulement celle-ci insista pour que la star assiste au légendaire Met Gala, mais elle l'invita également à le coprésider. Le thème de l'année était «Manus x Machina: la mode à l'ère de la technologie» et Wintour trouvait qu'il convenait parfaitement

La tenue de Taylor pour les Grammys 2016 fut créée par l'Atelier Versace et portée avec des sandales Stuart Weitzman.

GRAMMY AWARDS
GRAMMY AWARDS
GRAMMY AWARDS

à Taylor, probablement parce que sa fulgurante ascension vers la célébrité fut abondamment documentée sur les réseaux sociaux comme MySpace et Instagram. «Évidemment, son rapport à la technologie était l'une des raisons pour lesquelles nous voulions savoir si elle voulait s'engager», expliqua la célèbre rédactrice à propos de cette décision sur le podcast de *Vogue*.

La tenue portée par Taylor à cet événement s'avéra être l'une des plus mémorables à ce jour, la pièce centrale en étant une mini-robe Louis Vuitton sur mesure. Au cours d'une brève discussion sur le tapis rouge avec le légendaire André Leon Talley, ancien envoyé spécial de *Vogue*, Taylor évoqua son look comme celui d'un «gladiateur futuriste», faisant référence aux sandales lacées jusqu'aux genoux qui en faisaient partie. La créatrice new-yorkaise Eva Fehren fournit la plus grande partie des bijoux, y compris deux bagues dont une en forme de serpent (un clin d'œil au prochain album de Taylor, *reputation*). Un rouge à lèvres prune marqua aussi les esprits et fut plus tard identifié par la maquilleuse de longue date de la chanteuse, Lorrie Turk, comme le rouge à lèvres liquide Anastasia (teinte «Sad Girl»). Malgré le nom de la nuance, d'après certaines informations, Taylor était tout sauf triste ce soir-là, car elle fut aperçue pour la première fois dans une danse enjouée avec sa future amourette, Joe Alwyn. La chanteuse y fit référence dans le morceau de 2017, «Dress», avec des paroles évoquant la boule à zéro d'Alwyn et ses propres cheveux décolorés.
Pour les American Music Awards 2018, Taylor eut recours au talent unique de Balmain pour créer un look à la hauteur de l'événement.

Sans doute l'une des tenues de soirée les plus remarquables de Taylor, cette robe métallisée Louis Vuitton, avec des découpes sur les côtés, fut portée au Met Gala 2016 associée à des sandales à lanières nouées jusqu'aux genoux, également réalisées par la maison de luxe française.

dc
dick clark
productions
abc

Le résultat prit la forme d'une mini-robe métallisée avec des manches longues et un col montant. Elle était couverte de petits miroirs carrés et complétée par des cuissardes à talons aiguille avec des pointes noires. La chanteuse acheva sa tenue avec des bagues imposantes et des créoles rectangulaires. Son maquillage s'inspirait des années 1960, avec des yeux de biche dessinés à l'eye-liner, qui venaient compléter la version moderne de la choucroute qu'elle portait ce soir-là.

Ce choix surprit aussi bien les critiques de mode que les fans – ces derniers l'appelant familièrement la «robe boule à facettes» – et sur le blog mode de référence sur Taylor Swift, *Taylor Swift Style*, on pouvait lire: «Taylor m'a vraiment prise par surprise avec ce look. Presque tout était inattendu à mes yeux. La coiffure bouffante et le maquillage années 1960, l'allure générale disco et, bien sûr, la mini-robe quand je pensais qu'elle en porterait une longue. Je baptise officiellement ce look "Retro Galactic Disco".» La rédactrice mode en chef de *Vogue*, Janelle Okwodu, expliqua dans une critique: «Si vous vous étiez habitué aux robes d'été bohèmes et aux pulls ornés de chatons de Taylor Swift, il vous faudra peut-être vous asseoir. La pop star – qui ne fut pas avare de surprises cette semaine – foula le tapis rouge des American Music Awards dans un look audacieux: une mini-robe argentée holographique Balmain et des cuissardes assorties qui transformèrent la star en l'une des femmes fatales

CI-CONTRE Taylor foule le tapis rouge des American Music Awards 2018 dans une mini-robe Balmain étincelante. « Elle est revenue à ses paillettes », remarqua Andrea Park dans *Teen Vogue*.

DOUBLE PAGE SUIVANTE Le 14 mars 2021, Taylor assista aux Grammy Awards dans une éblouissante robe Oscar de la Renta avec des sandales Christian Louboutin et des bijoux Cathy Waterman.

du couturier Olivier Rousteing.» On raconte même que Rousteing se serait inspiré de Taylor pour créer des modèles pour la maison de couture française. Il déclara à GQ en 2015: «Quand j'ai conçu cette collection, je crois que c'était un mélange de beaucoup de chanteurs différents, de Rihanna à Kylie, en passant par Taylor Swift et les Backstreet Boys, un peu tout ça en même temps.» Taylor porta également des tenues Balmain à plusieurs reprises pendant la période *reputation*, y compris une robe dos-nu à motif serpent et une robe portefeuille rouge vif dans le clip de «Look What You Made Me Do».

Les Grammys 2021 furent le terrain de nouveaux records, Taylor remportant le titre de l'Album de l'année pour la troisième fois. Ce fut son album surprise de 2020, *folklore*, qui lui valut cette victoire. Le grand événement se tint avec une nouvelle série de règles, exigeant des invités qu'ils portent des masques pendant une partie de la soirée – un défi qui n'empêcha pas Taylor de faire une déclaration de style qui allait la placer en tête des listes de personnalités les mieux habillées dans le monde entier. La robe Oscar de la Renta était le fruit de l'imagination des couturiers Laura Kim et Fernando Garcia et se présentait comme une fantaisie florale avec un ourlet à mi-cuisse. Le duo mit à profit les talents de l'artiste Tricia Paoluccio pour créer les nombreux looks d'inspiration botanique de cette saison, y compris la mini-robe portée par Taylor ce soir-là.

Le jour de l'événement, la maison de couture italienne posta une vidéo sur son compte Instagram, proposant à ses *followers* de voir de plus près ce captivant modèle. Avec sa légende « Folklore Floral. Un aperçu détaillé de la robe sur mesure de *@taylorswift* pour les *#grammys*. Dans une abondance de splendeur de fin d'été, les éléments végétaux sont assemblés un à un pour réaliser la robe. », elle atteignit rapidement le million de vues. Et pour le plus grand plaisir des fans, elle faisait partie de la ligne de prêt-à-porter automne-hiver 2021-2022 de la marque – donc, si vous disposiez de la coquette somme de 8990 dollars, elle pouvait être à vous.

Le statut culte de la robe n'échappa pas non plus à l'équipe qui organisait la cérémonie. Peu après, elle fut exposée au GRAMMY Museum pour que les visiteurs puissent la voir de près. La consultante mode Cachita Hynes émit des suppositions concernant le sens profond qu'elle véhiculait, expliquant dans *The List*: « Si Taylor Swift essayait de faire une déclaration avec sa superbe robe à fleurs Oscar de la Renta sur le tapis rouge, je pense que c'est peut-être qu'elle est maintenant épanouie. Cela m'a rappelé une boule à thé fleurie ; cette beauté a été mise dans de l'eau bouillante, un élément [qui] brûlerait ou détruirait la plupart des choses. » Pourtant, d'après Hynes, au contraire, Taylor Swift « s'est ouverte et a connu une nouvelle naissance et sa motivation, son pouvoir et son inspiration perpétuelle [sont] aussi audacieux que ses fleurs ».

Oscar de la Renta aida de nouveau Taylor à être le centre de l'attention lors des MTV Video Music Awards 2022, lui fournissant une tenue indiscutablement glamour qui, si l'on en croit les *Swifties*, était bien plus qu'une jolie robe pour l'occasion. Treize ans plus tôt – le chiffre porte-malheur étant connu des fans de la chanteuse pour être le chiffre préféré de leur icône et le jour de décembre où elle est née –, Taylor, alors âgée de dix-neuf ans, portait une robe très semblable à la même cérémonie (le «Kanyegate»). Il faut dire que beaucoup de choses s'étaient produites dans l'intervalle, en particulier l'ascension irrésistible de Taylor dans le monde de la pop culture et le déclin de la popularité de Kanye. Cela poussa de nombreuses personnes à parler de la mini-robe couverte de strass comme de la version de Taylor d'une «robe de la vengeance». Avec les talons Christian Louboutin assortis, la tenue soulignait l'aptitude de la star à finir par l'emporter. Son maquillage pour la soirée consistait en un trait d'eye-liner «assez acéré pour tuer un homme», quelques strass et un rouge à lèvres bordeaux – s'assurant par sa présence que, malgré les cinq nominations pour son clip pour la réédition de «All Too Well» (de l'album *Red*), son dernier album, *Midnights*, recevait également un peu d'attention.

La spectaculaire robe Oscar de la Renta portée par Taylor aux MTV Video Music Awards 2022 plaça la chanteuse sur de nombreuses listes de personnalités les mieux habillées de la soirée et devant ce cliché d'elle pris avant la soirée, il est facile de comprendre pourquoi.

MTV

Taylor assiste aux MTV Video Music Awards le 12 septembre 2023 dans une robe Versace sur mesure.

Pièces

CHAPITRE 3

Cultes

À mesure que le style de Taylor évoluait au cours de sa carrière, quelques éléments clés ont su trouver leur place dans de nombreuses tenues ou avoir un impact particulier, devenant des pièces d'habillement que les fans et les curieux associent aisément à la star. Ici, nous étudierons certaines de ces pièces maîtresses, de la mini-jupe légère, qui a servi de point d'ancrage à ses tenues au fil des ans, à la manière dont les lainages sont devenus une puissante métaphore, aussi bien dans sa musique que dans son parcours esthétique.

La mini-jupe

Depuis sa première apparition publique, Taylor a saisi la moindre occasion de montrer son amour pour les mini-jupes. Sur le tapis rouge ou sur scène comme à la ville, elle a eu recours à cet incontournable de la mode pour exprimer son évolution stylistique, tout en faisant au passage de ses jambes une marque déposée (littéralement). En 2015, les fans et les critiques du monde entier connaissaient déjà son attachement tout particulier à la jupe patineuse, y compris Ana Colon de *Refinery29*, qui en parla comme étant peut-être «le plus grand succès de Taylor. (Oups! On le pense, en plus.)», dans un article en ligne intitulé «Retour sur l'histoire d'amour de Taylor Swift avec les jupes patineuses», publié le 11 juillet. Elle poursuivait en soulignant: «Qu'elle soit la meilleure moitié d'une de ses tenues ou un petit plaisir dont elle ne se lasse jamais (oui, notre chanteuse fréquente *H&M* et *Urban Outfitters*, comme nous tous), Swift prouve que la jupe patineuse est peut-être l'élément de votre garde-robe qui s'adapte le plus facilement.»

Taylor, âgée de dix-neuf ans, arbore l'une de ses mini-jupes caractéristiques avec une chemise Ralph Lauren, alors qu'elle quitte son hôtel londonien, le 21 août 2009.

ADA 5530

Ce premier look nous montre Taylor dans un style *preppy* classique, avec une chemise d'un blanc étincelant, une mini-jupe plissée grise et des bottes de cuir au cours d'un voyage à Londres en 2009, durant lequel elle se produisit au V Festival. Cette tenue était très probablement influencée par la série pour adolescents *Gossip Girl*, dont l'emprise s'exerçait alors sur une grande partie du monde occidental. Mignon, quand on songe que Taylor Swift et Blake Lively, star de la série-phare de la chaîne CW, allaient devenir meilleures amies six ans plus tard. Cette indémodable jupe courte continuerait à figurer dans la garde-robe de la chanteuse durant de nombreuses années.

En mai 2015, Taylor fut de nouveau aperçue dans une jupe courte, cette fois pour se rendre à un dîner avec ses copines top-modèles Gigi Hadid et Martha Hunt. Elle était vêtue d'un crop top blanc noué sur le ventre et d'une mini-jupe taille haute de Haute Hippie, couverte d'un imprimé floral parfaitement adapté à la saison. Sa tenue était complétée par des sandales à talons Prada à bouts ouverts et le sac à rabat *Serpenti Forever* de Bulgari en vert émeraude (petite anecdote: Taylor portait le sac à l'envers, l'ouverture vers elle, donc on ne le voit pas, mais les *Swifties* remarquèrent que le fermoir était une tête de serpent – encore un signe?). La chanteuse aimait tellement cette jupe que c'était sa seconde apparition, la première remontant à une rencontre organisée avec ses fans, neuf jours plus tôt.

Taylor choisit une jupe à fleurs Haute Hippie et un top Michael Kors pour une sortie entre filles en mai 2015.

La jupe de velours côtelé *Brya* de Brandy Melville était sans aucun doute une autre favorite de Taylor, car on put la voir à de nombreuses reprises en 2015, aussi bien sur des clichés pris sur le vif figurant sur son compte Instagram qu'à un dîner avec son amie actrice et mannequin Jaime King à Los Angeles. La jupe *Brya* existe en noir, bordeaux et camel, ce qui lui permet de s'adapter aisément à beaucoup des tenues de ville de Taylor. Mais l'amour de la star pour la marque grand public états-unienne ne s'arrête pas là: on sait qu'au fil des années, elle arbora de nombreux modèles issus des portants de Brandy Melville, dont un haut tricoté, alors qu'elle pose pour un selfie avec un kangourou sur son Instagram en décembre 2015, et un tee-shirt à fleurs pour la sortie en 2020 du concert filmé *Folklore: The Long Pond Studio Sessions*.

Fin juin 2023, Taylor se rendit aux studios Electric Lady à New York, avec sa mini-jupe bien-aimée – mais cette fois, dans un esprit très années 1990. Techniquement, la jupe-culotte *Heartbreaker* de Free People n'est pas vraiment une jupe – mais ne nous attardons pas trop sur des détails techniques. En jean clair, elle est portée avec une chemise *oversize* de The Row, un sac à main *Le Petit Patou*, des chaussures de chez Malone Souliers et une casquette bleu marine. «Les jupes-culottes et les mini-jupes ne figuraient pas sur ma liste de modèles anciens à revisiter pour ma garde-robe d'été. Pourtant, quelque chose dans la manière dont Swift associa d'abord sa pièce originale de Free People avec un sweatshirt vintage NYU et des baskets de The Row m'a poussée à appuyer sur "Commander"», écrivit la journaliste de *Harper's Bazaar* Halie LeSavage, dans un article de 2023 justement intitulé «Comment Taylor Swift a poussé une rédactrice à porter de nouveau des jupes-culottes».

Le 2 mars 2015, Taylor fut aperçue dans la version noire d'une de ses jupes préférées, le modèle *Brya* de Brandy Melville.

CI-DESSUS « Taylor Swift réussit brillamment le look d'écolière avec une casquette, une chemise boutonnée et une jupe-culotte », titra *Elle* à propos de cette tenue de juin 2023.

CI-CONTRE Le 2 novembre 2023, Taylor sortit à New York dans une jupe plissée portée avec des cuissardes et un sac seau de Stella McCartney.

P

Jolies mailles

Oui, Taylor a parfois été vue ici et là portant des écharpes ou des gilets de laine *oversize*, mais comme tous les fans de la star le savent, la question est plus l'importance des lainages dans ses chansons que la fréquence de ces vêtements confortables dans ses tenues publiques. Premier élément: l'écharpe. Simple accessoire hivernal pour beaucoup, elle est *bien plus* que cela pour les vrais *Swifties*. Évoquée dans l'un des titres les plus émouvants et dignes d'intérêt de la chanteuse, «All Too Well», cette écharpe imaginaire est devenue un accessoire riche en symboles et associé au chagrin d'amour dans le monde de TS. Dans cette chanson, sortie à l'origine en 2012 sur l'album *Red*, quelques vers qui racontent que la jeune autrice laissa une écharpe chez la sœur de l'un des protagonistes et qu'elle est «encore maintenant» dans un tiroir. De l'avis général, cela fait référence à la relation de Taylor avec l'acteur Jake Gyllenhaal, qui dura trois mois à la fin 2010. Bien que le morceau soit d'abord sorti sans clip, la version longue rééditée en 2021 fut rapidement suivie la même année par *All Too Well: The Short Film*, avec Sadie Sink et Dylan O'Brien. C'est là que la fameuse écharpe rouge fit sa première apparition.

Taylor fait une balade pour Thanksgiving avec l'actrice Maggie Gyllenhaal et sa fille Ramona, à Brooklyn, en novembre 2010.

Dans une conférence pour la promotion de cette vidéo lors du Festival international du film de Toronto en 2022, Taylor aborda directement le rôle symbolique de l'écharpe rouge, affirmant: «L'écharpe est une métaphore [...] et nous l'avons choisie rouge, parce que le rouge est une couleur très importante dans cet album, qui s'appelle *Red.*» Donc, il n'y eut jamais d'écharpe rouge à proprement parler, mais il y eut bien *une* écharpe. Selon la théorie dominante, l'accessoire en question était en réalité une écharpe à rayures bleu marine et grises de chez Burberry, aperçue sur Taylor pendant une promenade romantique avec Gyllenhaal en novembre 2010, puis portée par l'acteur lors de la première de *Harry Potter et les Reliques de la mort – 1re partie* à Londres. Le lainage rouge figurant dans le court-métrage de 2021 fut commercialisé et comportait une étiquette qui disait «All Too Well» d'un côté et «Taylor Swift» de l'autre.

En décembre 2021, la rédactrice de *Pulp* Jordyn Buhagiar écrivit sur la symbolique de cette écharpe dans un article intitulé, tout simplement, «L'héritage de l'écharpe rouge». Elle voyait dans cet accessoire un symbole d'innocence et une métaphore du pouvoir de transformation des chagrins d'amour. Elle poursuivait en expliquant comment, à l'instar de l'écharpe de «All Too Well», la passion et la vulnérabilité de la jeunesse peuvent être arborées sans crainte, «pour se voir ensuite arrachées et conservées dans la table de chevet de quelqu'un».

Une écharpe tricotée grise de Nordstrom complète ce look de Taylor, alors qu'elle passe une journée à Londres en janvier 2012.

Si Taylor Swift a flirté avec des références aux lainages et, bien sûr, a été vue avec des bonnets mous tricotés très tendance et de modestes pulls pendant la première partie de sa carrière, il est communément admis que sa véritable période tricot eut lieu au moment des sorties de *folklore* et *evermore* en 2020. D'abord, il y eut le titre bien nommé «cardigan», qui provoqua un regain d'intérêt pour ce vêtement sans prétention de la part des *Swifties* du monde entier. À tel point que Taylor et son équipe décidèrent de le sortir dans la boutique officielle. Puis, ce fut le pull Aran. Peut-être simplement choisi pour son côté vintage et son confort, ce pull possède aussi une histoire riche, qui s'inscrit dans le folklore (oui, *folklore*) et qu'on ne peut ignorer. Un article de 2020 dans *Vogue*, intitulé «Taylor Swift remet à l'honneur des traditions de tricot vieilles de plusieurs siècles – voici comment», explique que l'histoire du tricot a longtemps été controversée, suite à la promotion, par un marchand de laine nommé Heinz Edgar Kiewe, d'histoires fabriquées de toutes pièces, prétendant que ce modèle aurait plus de mille ans. La vérité concernant ses origines est toujours incertaine, mais nous savons en revanche que la première apparition des pulls Aran dans les rayons des magasins eut lieu vers 1900. Ils comportent des motifs qui, d'après la journaliste de *Vogue* Rosalind Jana, sont censés «être porteurs de différents sens symboliques, allant de la chance à la pêche à des espoirs de richesse future».
Quand vint l'époque *Midnights*, le goût de Taylor pour les lainages n'avait fait que se renforcer. Naomi May de *Stylist* le souligne dans un article de 2022 intitulé «Taylor Swift a une nouvelle marque

Taylor porte un cardigan pendant une virée dans le grand magasin new-yorkais *Lord & Taylor* en mars 2014.

de cachemire écologique préférée», affirmant: «Bien des choses ont changé depuis l'ascension rapide de Swift, mais certaines demeurent – et c'est assurément le cas de l'amour de la musicienne pour les lainages.» La chanteuse se tourna vers les confortables modèles de la marque Reformation, basée à Los Angeles, pour sa série TikTok, «Midnights Mayhem With Me», arborant sa mini-robe Leone et un polo de laine classique, tous deux réalisés en cachemire recyclé. La garde-robe de Taylor semble avoir été riche en lainages à cette période: on la vit porter un haut en crochet à chevrons de Mother dans une vidéo parlant du titre «Anti-Hero», ce qui poussa un grand nombre de fans habiles de leurs mains à partager leurs propres versions du vêtement (l'original fut immédiatement épuisé, bien sûr). En fait, le goût affiché et croissant de la chanteuse pour le tricot tout au long de sa carrière est peut-être en partie responsable de l'afflux de versions tricotées et crochetées par ses fans non seulement des tenues vues sur la star, mais aussi des objets de sa boutique (le fameux cardigan) – et même de posters de tournée extrêmement détaillés et autres images. Mais nous développerons ce phénomène dans le chapitre suivant…

Taylor se tourna vers le maître du style *preppy Americana* qu'est GANT pour ce pull à col roulé, porté ici en novembre 2023 avec un pantalon The Row et des chaussures à talons de la marque parisienne Sézane.

« La chanteuse a anthropomorphisé cette pièce de vêtement très portée, mais peu glamour, et en a aussi fait une **mascotte vestimentaire.** *»*

LAUREN COCHRANE, RÉDACTRICE MODE

En même temps que la sortie de son album *folklore* en juillet 2020,
Taylor offrit à ses fans la possibilité d'obtenir leur propre cardigan.
Il comportait une étiquette et des étoiles brodées aux coudes.

Taylor montre son amour pour les chats avec ce sac Anya Hindmarch, porté pour l'anniversaire de Gigi Hadid, le 22 avril 2019 à New York.

Sacs à main

Le pouvoir du fidèle sac à main de cuir n'a jamais échappé à Taylor Swift, qui en a arboré un grand nombre au cours de sa carrière. Si certains réapparaissent longtemps après avoir été repérés pour la première fois à son bras (message codé ?), beaucoup allaient jouer le rôle d'une sorte de capsule temporelle pour une époque précise. Taylor n'hésite pas à utiliser son style pour envoyer des messages aux fans, comme elle le confia à *Entertainment Weekly* en 2019 : « Les vêtements et les bijoux peuvent contenir des messages cachés. [...] C'est une de mes façons préférées de faire ça, parce que vous portez quelque chose qui annonce autre chose et, en général, les gens ne comprennent pas tout de suite, mais ils savent que vous envoyez sans doute un message. Ils comprendront avec le temps. »

Mais au-delà du monde de messages codés de TS, nous pouvons réfléchir sur son utilisation des accessoires comme outils de communication en consultant un article de 2017 intitulé « La psychologie des sacs à main de couturier », d'Alexandra Shulman, dans *Business of Fashion*, qui explique : « Pour la plupart des femmes, le sac à main est un objet multi-tâches qui allie l'utilité à la commodité : tout en montrant un goût personnel, il suggère une certaine prospérité économique et joue un peu le rôle du doudou de l'enfance. Si les femmes prennent souvent peu de risques, à cause soit des conventions de leur lieu de travail, soit simplement de leur manque d'intérêt pour les vêtements, et choisissent donc de s'habiller discrètement dans leur vie quotidienne, ces mêmes femmes auront souvent un sac à main exceptionnel. »

Bien que Taylor se soit essayée à divers sacs à main au début de sa carrière, il s'agissait souvent de besaces, très appréciées de nombreuses jeunes femmes de l'époque. Ce ne fut que vers 2012 qu'elle commença à utiliser des modèles plus élégants et signés par des couturiers. L'un de ses premiers coups de cœur, semble avoir été le classique sac *Court* de Coach, qu'elle arbora lors d'un grand nombre d'occasions remarquées, y compris des sorties avec son petit ami de l'époque, le chanteur et acteur britannique Harry Styles ou pour boire un café frappé avec une amie à Santa Monica. Ce sac en cuir fait main fait partie de la collection de la marque états-unienne, composée de rééditions de modèles qui aidèrent à faire d'elle une des enseignes favorites des rédactrices mode et des célébrités tout au long des années 1990. Les versions vintage sont toujours des accessoires très convoités sur les sites de vente de produits d'occasion aujourd'hui. Taylor est aussi connue pour avoir porté d'autres sacs Coach, dont le sac à rabat Legacy Leather *Amanda Flap Bag* et la sacoche Legacy Leather *Mini Saddle Bag* – deux rééditions d'originaux des années 1990.

Quand la chanteuse entra dans son époque *1989*, nous avons assisté à un nouveau changement, vers des accessoires plus sophistiqués associés à des tenues plus décontractées et accessibles. Le sac *Agata* de Dolce & Gabbana figura dans beaucoup de ses looks clés en 2014, y compris un simple ensemble composé d'un caban à double boutonnage bleu marine, d'un pantalon slim bordeaux, de bottines vertes de & Other Stories et d'une écharpe infinie rayée. Le modèle D&G existait aussi dans une version noire particulièrement saisissante, arborée par Taylor lors d'une autre sortie à New York en juillet de la même année. Cette fois, elle le portait avec une

Montrant son attachement au classique *Court* de Coach, Taylor le porte en quittant son hôtel à New York, le 6 décembre 2012.

combinaison sans bretelles de Reformation, les bottines *Karina* de Christian Louboutin et, bien sûr, des Ray-Ban.

Et puis nous avons la sacoche *Mara Saddle Bag* de Rebecca Minkoff. Grand favori des *Swifties*, ce sac à bandoulière en cuir de vachette a fait ses débuts à l'épaule de Taylor Swift en 2016, en particulier pendant ce que certains appellent la période « Hiddleswift » de l'artiste (l'une des époques les plus photographiées). On a pu le voir lors de sorties, d'une visite au Country Music Hall of Fame à Nashville, à l'occasion de balades dans la campagne du Suffolk avec son petit ami de l'époque, l'acteur britannique Tom Hiddleston, et sa famille. Si les fans ont pu penser qu'ils avaient vu pour la dernière fois cet accessoire de cuir, le modèle de Minkoff fit une autre apparition, lors d'un dîner à New York, en avril 2023. Taylor associa le sac à un jean noir délavé porté sur un body noir avec des bottes à semelles compensées de The Row. Ce retour inattendu lança des débats sur Internet parmi les fans, qui se demandaient s'il s'agissait d'un nouvel indice ou d'une simple coïncidence. Quelque chose me dit qu'au moment où ce livre sera imprimé, ils auront trouvé la réponse.

Le 23 juin 2016, Taylor porta le *Mara Saddle Bag* de Rebecca Minkoff avec une robe vichy de Reformation lors d'une sortie à Nashville.

CI-DESSUS L'amour de Taylor pour les sacs à main D&G généra de nombreux articles dédiés à cette affinité, y compris un texte de 2014 intitulé « Taylor Swift et son sac Dolce & Gabbana : une histoire d'amour » dans le *New York Post.*

CI-CONTRE Preuve de la capacité d'adaptation du sac D&G, Taylor l'arbore ici par une fraîche journée de décembre, en 2014.

CI-DESSUS Réputé pour être un article vintage, ce sac à main a été associé à un haut Dôen, une jupe-culotte Free People et des chaussures GH Bass par Taylor pour passer à son studio à New York, le 27 juin 2023.

CI-CONTRE Le sac *Camera Box* de Louis Vuitton fit une poignée d'apparitions au cours des mois d'été et d'automne 2023, dont celle-ci, à New York, en octobre.

Paillettes

L'amour de Taylor pour les paillettes se nota assez tôt dans sa carrière, car elle se tourna vers des modèles scintillants pour nombre de ses premières apparitions à l'écran, y compris un set dans le *Today Show* sur NBC en mai 2009. Cette mini-robe bleu canard prit vie lorsque Swift, âgée de dix-neuf ans, chanta ses premiers tubes, comme « Love Story » et « Teardrops on My Guitar ». Des bottes de cuir de la marque EVERYBODY remplaçaient les santiags fantaisie, qui caractérisaient la chanteuse à l'époque, lui permettant de s'éloigner des looks de cow-boy pour explorer le vaste monde de la mode.

« Pour certains, le fait de porter des paillettes représente un moment festif, la sensation de prendre les choses du bon côté. En ce sens, ce qui brille développe un sentiment d'optimisme et l'espoir que de bonnes choses vont advenir » – Dawnn Karen, psychologue de la mode, sur *Fashionista.com*, 2018.

Taylor se produit avec l'une de ses premières tenues à paillettes dans le *Today Show*, sur NBC, le 29 mai 2009.

AWAR
VIDE
MUSI
AWAR
VIDE
MUSI
AWAR
VIDE

« Dans la vie, il y a peu d'évidences partagées par tous : nous naissons tous, nous mourons tous et nous savons tous que, quand Taylor Swift change de style, un nouvel album arrive. »

**KATE EDWINA,
RÉDACTRICE MODE**

Pour les MTV Video Music Awards 2015, Taylor portait un haut et un pantalon pied-de-poule à paillettes d'Ashish Gupta, assortis à des chaussures Christian Louboutin.

« *Je veux aimer les* ***paillettes*** *et aussi* ***me battre*** *contre les* ***injustices*** *de notre société.*

Je veux porter du **rose** *et vous dire ce que je pense de la* **politique**. *Je ne crois pas que ce soit incompatible.* »

TAYLOR SWIFT
MISS AMERICANA
(NETFLIX, 2020)

Avant la sortie de *reputation* en 2017, Taylor Swift se tourna une fois de plus vers les paillettes pour attirer le regard du public, avec l'aide d'une maison de couture mythique, Saint Laurent. Sur la couverture du numéro de mai 2016 de *Vogue*, elle portait une mini-robe moulante de la ligne printemps-été 2016 de la marque. La chatoyante robe-nuisette était revêtue par une Taylor blonde platine, ce qui fit parler les fans et donna à l'époque qui suivit le surnom de «Bleachella», contraction entre « bleached » (décoloré) et le nom du festival «Coachella» où elle fut d'abord repérée avec cette couleur de cheveux. «En fait, nous avons dû y regarder à deux fois quand nous avons aperçu la couverture. Son carré court (qu'elle avait coupé en février) a été décoloré dans une teinte blonde mortelle, achevée par des racines sombres, dans le style des années 1990. Même avec ses lèvres rouge cerise caractéristiques, elle a l'air d'une toute nouvelle femme», écrivit Maria Del Russo sur *Refinery29*. Mais ce n'était pas la première fois que Taylor portait une tenue Saint Laurent qui faisait les gros titres. Quelques semaines plus tôt, la chanteuse s'était rendue aux iHeartRadio Music Awards à Los Angeles dans une combinaison couverte de sequins, également tirée de la ligne printemps-été 2016 de la marque parisienne, dernière collection de Hedi Slimane, avant qu'il ne quitte le rôle de directeur créatif de la maison de couture. Ces tenues prouvaient que, bien que Taylor soit devenue ce qu'Anna Wintour de *Vogue* qualifia de «genre de nana rock'n'roll», les paillettes et les sequins n'étaient jamais bien loin.

Le 3 avril 2016, Taylor foula le tapis rouge des iHeartRadio Music Awards dans une combinaison Saint Laurent couverte de sequins.

tbs
tbs
iHeartRADIO
MUSIC
AWARDS
2016
iHeartRADIO
MUSIC
AWARDS
2016
tbs
tbs
iHeartRADIO
MUSIC
AWARDS
2016
iHeartRADIO
MUSIC
AWARDS
2016

FOX
iHeart
RADIO

L'époque *Lover* fut pleine de looks espiègles, de couleurs et, vous l'avez deviné, de paillettes en pagaille. L'une des tenues les plus remarquables fut déployée sur le tapis rouge des iHeartRadio Music Awards 2019, où Taylor portait un combi-short lilas chatoyant de la marque londonienne Rosa Bloom et des chaussures à talon de Sophia Webster avec des papillons. Ses boucles blondes avaient également reçu une dose de couleur, car l'on put voir une mèche rose quand elle se fit remettre la récompense de la Tournée de l'année pour *reputation,* en 2018, qui battit tous les records. L'effet de ce look sur le public fut mis en avant par Madame Tussauds, quand l'attraction incontournable de Londres choisit cette tenue pour leur version 2019 du mannequin de cire représentant la chanteuse.

La tournée *Eras* témoigna de nouveau de l'amour de TS pour tout ce qui brille, l'icône incorporant des paillettes ou des strass dans presque toutes ses tenues. L'une de celles qui produisirent le plus grand effet fut un modèle Nicole + Felicia porté dans la section *Speak Now* du spectacle pour une grande partie des dates états-uniennes de la tournée. Si la robe semble familière, c'est peut-être parce qu'on la pense inspirée du modèle Valentino que Taylor portait lors de la tournée *Speak Now*, une tenue qui avait conquis de nombreux *Swifties*. La marque des deux sœurs qui créa la robe

« La mieux habillée était Taylor Swift, dans un ensemble à sequins violets à 185 livres de Rosa Bloom, qui ne passe pas inaperçu », écrivit Charlie Teather de *Glamour UK* à propos de cette tenue de mars 2019.

pour *Eras* est aussi responsable d'autres costumes sensationnels de Taylor, comme la robe rouge et blanche figurant dans le clip de « I Bet You Think About Me (Taylor's Version) » (oui, celle qui a demandé l'astronomique quantité de 1 200 heures de travail !). Cependant, la robe étincelante en question restera certainement dans les annales comme l'une des plus belles tenues à paillettes portées par la chanteuse, avec ses 200000 sequins et perles de verre brodées à la main qui couvrent à la fois le corsage et la jupe. Les critiques mode ne s'y trompèrent pas non plus, *Vogue UK* commentant en mars 2023 : « Le plus spectaculaire était, bien sûr, les véritables robes de princesse de Nicole + Felicia portées par Swift, qui interpréta "Enchanted" dans… un modèle effectivement enchanteur. »

CI-CONTRE Taylor porte une étincelante robe Louis Vuitton au festival du film de Toronto, le 9 septembre 2022.

DOUBLE PAGE SUIVANTE La ville de Houston, au Texas, scintilla le 21 avril 2023, lorsque Taylor porta sur scène cette robe Nicole + Felicia Couture pour la partie *Speak Now* du spectacle.

Bell
tiff
Royal Bank
VISA
BVLGARI
TORONTO
Ontario
TELEFILM CANADA

Wayfarers

Les *Wayfarers* de Ray-Ban datent du début des années 1950, la marque devenant rapidement un succès pour son adaptabilité et son côté cool. Un article de mai 2023 dans *GQ*, intitulé «Les meilleures *Wayfarers* pour une paire de lunettes noires approuvées par les stars», résumait l'impact de ces lunettes: «Avant que Ray-Ban ne lance ses *Original Wayfarers* au milieu des années 1950, les lunettes de soleil pour homme étaient purement fonctionnelles. Elles jouaient leur rôle. Rien de plus, rien de moins. Mais ce modèle carré et épais en fit pour la première fois un article de mode indispensable.» Il ne fallut pas longtemps au modèle trapézoïdal pour dépasser la marque Ray-Ban et devenir – comme beaucoup peuvent en témoigner – la forme par défaut des lunettes de soleil dans le monde entier. Taylor ne fut pas épargnée par cette magie et l'on aperçut la chanteuse porter ces lunettes dès 2010 avec ses tenues décontractées.

À l'âge de vingt ans, Taylor fut aperçue faisant du shopping à Beverly Hills, avec des Ray-Ban à monture rouge, le 11 septembre 2009.

LOVE
POTION
N°9

CI-DESSUS Taylor arbore des Ray-Ban en se rendant au restaurant *Angelica Kitchen* à New York, le 22 juillet 2014.

CI-CONTRE Les *Wayfarers* allaient aussi devenir un élément essentiel des looks sport-chic de Taylor pendant la période *1989*, comme le montre cette paire, aperçue le 30 juin 2014.

En 2012, Taylor les arbora beaucoup plus souvent, au travail comme en privé, y compris dans le clip de « 22 » (en plus de sa paire préférée en forme de cœur, bien sûr) et sur les photos de l'album *Red*. Mais il faudrait attendre 2014 pour la voir vraiment consolider sa relation avec les *Wayfarers*. La chanteuse serait régulièrement aperçue avec, notamment lors de plusieurs sorties à New York l'été, avec une robe Reformation vert menthe, un sac de cuir de chez Tod's et des talons Christian Louboutin fuchsia. Ces apparitions allaient poser les bases, avant qu'elle ne démontre véritablement son enthousiasme pour les *Wayfarers* avec la sortie de l'album *1989* et la tournée qui suivit en 2015. La boutique officielle Taylor Swift refléta celui-ci en proposant une paire à monture bleue avec les inscriptions « T.S. » et « 1989 » sur les branches.

Filons jusqu'en 2023. Taylor témoignait toujours son amour pour cet accessoire indémodable, mais il lui arrivait désormais de s'écarter de la version originale de Ray-Ban pour adopter différentes réinterprétations de la forme, comme celle d'Anine Bing, que l'on peut voir sur la page 181, associée à une longue robe noire et un sac Mansur Gavriel, pendant une petite sortie à New York entre deux concerts de la tournée *Eras*.

Taylor porte des *Wayfarers* pendant un concert à Shanghai, en Chine, le 10 novembre 2015.

CI-DESSUS L'époque « Bleachella » n'échappa pas non plus à l'amour de Taylor pour les *Wayfarers*, comme on le voit avec ce look sportif, le 10 août 2016.

CI-CONTRE Pour une sortie à New York en mai 2023, Taylor eut recours au talent de la marque Anine Bing, qui fusionne simplicité scandinave et énergie californienne, pour ces lunettes noires inspirées des *Wayfarers*.

L'Effet

CHAPITRE 4

Swift

Le travail d'une pop star paraît la chose la plus importante pour ses fans, mais il est rare que son impact soit aussi puissant que celui qu'a eu la carrière de Taylor Swift, non seulement sur la pop culture, mais sur l'économie mondiale. D'innombrables travaux universitaires ont été rédigés sur la façon dont sa seule présence dans une ville peut avoir de fortes répercussions sur les commerces et les systèmes de transport de celle-ci pendant son séjour. En août 2023, la *Harvard Gazette* expliqua: «La tournée mondiale *Eras* de Swift avec ses cent trente et une dates, qui remplit actuellement des stades aux États-Unis, est partie pour être la tournée de concerts la plus lucrative de tous les temps, avec 1,4 milliard de dollars, quand elle se terminera l'année prochaine. Les analystes estiment qu'elle aura également un impact économique global de 5 milliards de dollars sur les villes qui l'accueillent, avec les dépenses liées à la tournée. Même la banque centrale des États-Unis a constaté l'effet de cette tournée sur l'économie régionale.»

DOUBLE PAGE PRÉCÉDENTE Dans un blazer Versace, Taylor pose avec des fans à l'entrée des MTV Video Music Awards, le 26 août 2019.

CI-CONTRE Taylor est repérée portant une chemise GANT, un short en jean AREA et des bottes Christian Louboutin pendant une sortie à New York, le 1er octobre 2023.

« *Si la* musique
et la carrière
de Taylor Swift
m'ont appris
quelque chose,
c'est ceci :

la narration
est l'un des actes
les plus puissants
de l'univers.
Ne la sous-estimez
jamais, même en
ce qui concerne
vos vêtements. »

SAMANTHA HARAN,
JOURNALISTE

Il est de notoriété publique que les dates de concert de Taylor à Seattle, Washington, en juillet 2023, provoquèrent une activité sismique équivalant à un tremblement de terre de magnitude 2,3. Ce qui prouve la puissance des *Swifties*, au cas où quelqu'un en douterait.

Dans le monde de la mode, son impact est profond. Après la sortie de *Red (Taylor's Version)* en 2021, on a constaté que les recherches Google pour «quel rouge à lèvres porte Taylor Swift?» ont augmenté de 800%. Saskia Van De Ven de la société commerciale Productsup raconta dans *Vogue Business*: «Un simple changement de "robe à paillettes" à "robe à paillettes *Swiftie*" peut rendre vos produits plus visibles pour les clients qui cherchent les tenues de Taylor Swift. Puis, en dirigeant ces publicités vers la bonne cible et en les plaçant aux bons endroits, vous êtes susceptibles de voir un plus grand retour sur investissement de vos dépenses publicitaires.» Où que l'on pose les yeux, l'impact de Taylor sur l'univers de la mode est évident.

All Too Well: The Short Film remporta le prix du Meilleur clip musical lors des American Music Awards 2022, Taylor arrivant dans une combinaison dorée de la marque new-yorkaise The Blonds.

AWARDS
abc

« J'aime
communiquer
par des messages
surprises. [...]
Je trouve que les
meilleurs messages
sont ceux qui sont
cryptiques. »

Narration vestimentaire

L'un des points principaux qui distinguent Taylor des autres musiciens de son statut, c'est sa capacité unique à communiquer avec ses fans sans dire un mot. Depuis les premiers jours de sa carrière, Miss Swift s'est attachée à leur envoyer des indices, non seulement par des posts sur les réseaux sociaux et les choix graphiques des affiches de tournée et des albums, mais – et c'est plus important, pour ce livre, en tout cas ! – par ses tenues. À la fois sur scène et en dehors, l'icône aux multiples talents est connue pour semer des symboles, qui mettent ses admirateurs dans tous leurs états lorsqu'ils tentent de les déchiffrer. Cette forme d'engagement singulière auprès des fans est sans doute l'une des raisons de son succès à long terme – il y a toujours un puzzle à résoudre et les *Swifties* se lancent souvent dans des compétitions pour décoder le message en premier.

La transparence de ces tenues à message caché varie, d'un modèle très similaire arboré à la même cérémonie des années plus tard, à des teintes précises de vernis à ongles sur une photo Instagram. Et bien que nous puissions facilement supposer que les fans de Taylor poussent peut-être leurs interprétations un peu trop loin, il semblerait qu'ils approchent souvent de la vérité. Pour le citoyen moyen, la chanteuse ne faisait peut-être que jouer avec quelques vieux vernis, mais les *Swifties* savaient qu'il y avait autre chose – et ils avaient raison.

DOUBLE PAGE SUIVANTE Une *Swiftie* de San Diego porte des vernis représentant les albums de Taylor, pendant un concert au centre commercial *Citadel Outlets*, le 1er août 2023.

«Il y a aussi un badge dans des tons lilas, bleu et rose layette, qui sont exactement les couleurs utilisées dans le clip de "Me!".» Taylor a confirmé à *Entertainment Weekly* que la vidéo Spotify qu'elle réalisa pour «Delicate» en 2018 – où ses ongles étaient vernis de nuances pastel – était bien un message «pour donner aux fans une idée de ce que serait la palette de couleurs du clip».

Le 16 mars 2023, la veille du lancement de la tournée *Eras* à Glendale, Arizona, elle partagea quelques clichés des répétitions de la première. Parmi ceux-ci, une photo d'ongles colorés lança immédiatement les *Swifties* dans une recherche frénétique pour en décoder les couleurs particulières. On peut désormais voir ce motif sur les ongles de certains des *Swifties* les plus dévoués pendant les concerts de la star dans le monde entier.

Cette dynamique a déjà été abordée par Taylor dans des interviews. En parlant de sa vidéo pour «Look What You Made Me Do», elle déclara à *Entertainment Weekly*: «Tout le clip est littéralement un message caché. [...] Il y a des centaines de messages codés. Il y en a que les gens n'ont toujours pas trouvé. Il faudra des dizaines d'années pour qu'ils les trouvent tous.» Le clip montrait Taylor dans une succession de tenues, y compris certaines tirées d'anciens clips, comme le tee-shirt couvert des signatures de ses amis de «You Belong With Me» et la robe bleue portée pour «Out of the Woods». En 2023, Taylor utilisa la scène de sa tournée *Eras* pour indiquer à

Quand Taylor sortit vêtue de cet ensemble Ralph Lauren léger en mai 2023, les fans se demandèrent si sa ressemblance avec un grand nombre de ses tenues de 2016 était une façon pour la star d'indiquer la sortie prochaine de *1989 (Taylor's Version)*.

ses fans que le lancement de *1989* (*Taylor's Version*) était proche, en envoyant des indices par ses choix vestimentaires. Le 8 août 2023, Taylor fit son entrée dans un body inédit de Zuhair Murad. Si les fans n'avaient jamais vu ce modèle précis, certains s'empressèrent de remarquer à quel point il ressemblait à une tenue portée par Taylor pendant sa tournée *1989* en 2015. Le soir suivant (une date qui s'écrit 8/9 selon le standard états-unien, voyez-vous), cinq tenues différentes prirent des teintes de bleu et Taylor annonça officiellement que *1989* (*Taylor's Version*) sortirait quelques mois plus tard.

Les looks urbains passent aussi souvent sous le microscope super puissant des *Swifties*, comme le prouva une tenue printanière apparemment simple revêtue par Taylor en 2023. « Le message caché derrière le petit short en jean de Taylor Swift, d'après les fans », annonçait un article de la rédactrice mode en chef de *POPSUGAR*, Sarah Wasilak. Le texte souligne la ressemblance entre la tenue de 2023 et des vêtements portés en 2018. Ces derniers figuraient dans une scène importante dans laquelle Taylor se confiait sur ses problèmes avec l'image de son corps et les troubles alimentaires. Elle montrait au monde une nouvelle facette de la star et provoqua un flot de messages de soutien des fans, Lady Gaga ayant notamment commenté un post TikTok de la scène du film en faisant l'éloge de Taylor pour son courage.

Message crypté ou simple association d'un short avec un joli haut ?
Taylor porte du R13 lors d'une sortie à Greenwich Village, le 22 mai 2023.

La garde-robe des *Swifties*

Le fait que les fans s'habillent comme leurs artistes préférés n'a rien de nouveau. Tous les musiciens ou groupes qui ont plus qu'une poignée de super-fans comprennent que les tenues de leur public témoignent de la force de la communauté qui les entoure. Dans un article pour *NPR*, Carrie Brownstein, guitariste du groupe emblématique du mouvement riot grrrl Sleater-Kinney (et autrice, actrice, humoriste et de nombreux autres talents), revient sur l'époque où elle s'habillait comme les interprètes avant de se rendre à leurs concerts dans les années 1980, y compris Madonna et Sinéad O'Connor. «J'ai compris que je repense souvent à tort aux concerts comme à une expérience entre la musique et moi, alors qu'en fait, c'était plutôt entre mes amis et moi, raconta-t-elle. Cette expérience commençait des heures, voire des semaines avant le concert, souvent sous la forme d'activités extérieures – comme s'habiller (raser nos têtes) ou écouter les disques du groupe. Se préparer pour le concert était une activité aussi ritualisée que le concert en lui-même; parfois, c'était même la partie la plus mémorable de tout ça.»

Il est indéniable que les *Swifties* connaissent la valeur des rituels qui précèdent le fait de voir Taylor sur scène, mais ils les ont poussés encore plus loin (les fameux «bracelets d'amitié»). Pour la tournée *Eras,* leurs costumes atteignirent de nouveaux sommets, comme le releva un article d'Elena Cavender intitulé «Pour les fans de Taylor Swift lors de la tournée *Eras*, la tenue de concert fait scintiller toute l'expérience» en juin 2023 sur *Mashable.* Elle déclarait: «Les tenues des fans sont tirées du vaste catalogue de Swift et de ses nombreux et heureux changements de style. Pour chaque *Swiftie* en santiags il y en a une autre en bottes gogo à paillettes ou en tennis blanches. Les prémices de la tournée encouragent la nostalgie et le retour sur des moments de votre propre vie et de celle de Swift. Les fans puisent dans l'imagerie de différentes époques et les associent, pas seulement pour montrer qu'ils sont des fans purs et durs, mais pour proclamer les albums et les moments desquels ils se sentent le plus proches. »

Les fans de Taylor Swift sont connus pour leurs costumes qui évoquent la star depuis les premiers jours de sa carrière, mais ils se surpassèrent pour *Eras*. La tournée mondiale vit des fans arriver dans des tenues représentant tout, de leur album préféré à des clins d'œil malins à certaines paroles (les caniches vert-citron de « The Last Great American Dynasty » !).

La journaliste Ruby Carter se pencha sur ce phénomène, déclarant dans un article pour *Little Black Book* intitulé « L'été des tenues de concert approuvées par les super-fans » : « Les *stans* se rassemblent autour d'un thème vestimentaire partagé, renforçant l'expérience communautaire et créant un sentiment d'appartenance. Cela ne fait pas qu'ajouter au spectacle des concerts, mais entretient aussi un fort sentiment de camaraderie entre les fans. »

DOUBLE PAGE SUIVANTE Les *Swifties* montrent leur amour pour leur chanteuse préférée grâce à leurs tenues, alors qu'ils attendent devant le MetLife Stadium, dans le New Jersey, le 26 mai 2023.

I ♥ T.S.

La marque grand public états-unienne Hazel & Olive se hissa comme un incontournable pour ces admirateurs, sa robe à franges pailletée *Eras* devenant rapidement un de leurs coups de cœur. Pour un article de 2023 intitulé « Taylor Swift fixe le dress code le plus sexy de l'été: paillettes, bottes, chapeaux de cow-boy », son P.-D.G., Taylor Johnson, confia à CNN: « Nos lignes téléphoniques ont explosé et nous avons reçu des centaines d'appels et de messages sur Instagram à propos de cette robe. »

Et si nous avons vu de nombreux détaillants s'empresser de produire des tenues de prêt-à-porter pour les *Swifties*, la tournée *Eras* fut aussi l'occasion pour les fans de créer eux-mêmes leurs vêtements. Apparemment dès que la tournée fut annoncée, TikTok a accueilli un florilège de créations de copies des looks célèbres de Taylor ou d'interprétations d'une « époque » ou de paroles, à la fois par des débutants en couture et par des pros confirmés. Une fan des Pays-Bas, Lotte Lutjes, a acquis la réputation d'être leur reine non officielle, reproduisant certaines des tenues les plus marquantes de Miss Swift avec une grande précision. Les vidéos TikTok qui montrent ses créations ont recueilli des millions de vues et reçu une importante couverture médiatique, dont un article de MTV en 2016, dans lequel elle partage ses pensées: « Taylor est tellement réaliste, et elle est elle-même et ne laisse personne lui marcher dessus. J'ai l'impression qu'elle enseigne aussi cette attitude à ses fans. Elle m'a appris à faire face au fait de se sentir rejetée, seule et bien plus. »

« Le karma est un dieu, donc je suis la déesse du karma. J'ai eu cette chanson dans la tête pendant deux semaines et je ne savais pas quoi porter, alors... », déclara Adele McDonald, avant l'un des concerts de Taylor au MetLife Stadium en mai 2023.

ARNA

Volonté de réinvention

Peu d'interprètes et artistes parviennent à relever sur de longues périodes le défi de continuer à captiver le public tout en conservant leur intégrité et leur authenticité. Le parti pris de Taylor, qui communique par le travail thématique de ses albums et les choix vestimentaires qui les accompagnent, a provoqué la fascination des fans comme celle des spectateurs occasionnels. Certains ont pu voir ces thèmes comme une contrainte ou comme la preuve d'une approche artificielle ; cependant, on peut aussi l'envisager comme une façon naturelle pour un artiste de faire ses preuves en tant qu'être complexe, qui explore différentes facettes de sa personne pour les mettre en scène de façon intentionnelle et stylisée.

L'album de 2022 de Taylor, *Midnights*, et les vidéos qui l'accompagnaient mélangeaient les genres, grâce à des collaborateurs inattendus comme l'humoriste Mike Birbiglia, qui joua dans le clip de « Anti-Hero » et Ice Spice, qui figurait dans une version deluxe du morceau « Karma ». Ici, la rappeuse pose avec Taylor sur scène, à East Rutherford, New Jersey.

« J'ai toujours été fascinée par les femmes qui se remettent en question et se lancent des défis en permanence et Taylor,

par son travail,
a démontré qu'elle
était une artiste
polyvalente, capable
de constamment
se transformer
et évoluer. »

ALBERTA FERRETTI,
COUTURIÈRE ITALIENNE

La volonté qu'a Taylor de se réinventer peut être considérée comme un élément clé de son succès, qui permet à ses albums d'être une sorte de jauge de sa croissance et de son évolution. Elle a déjà abordé ce sujet directement par le passé, notamment dans le documentaire *Miss Americana* (2020). « Les femmes artistes que je connais se sont réinventées vingt fois plus que les artistes masculins », déclare Miss Swift dans le film, accompagnée par une succession d'images de looks portés au fil de sa carrière, qui souligne leurs contrastes. On pourrait facilement interpréter le ton de cette déclaration comme l'expression du ressentiment de la chanteuse face à la demande de fraîcheur faite aux artistes femmes et que les hommes peuvent apparemment rejeter sans conséquence. Mais, comme bien des choses dans la carrière de Taylor, nous la voyons prendre ce discours pour le renverser avec espièglerie, montrant sa maîtrise et prouvant sa résilience en tant qu'artiste. Vanessa Friedman, responsable de la mode au *New York Times*, souligne cette dichotomie dans un article de 2023 intitulé « Taylor Swift et le piège étincelant de la réinvention permanente », qui dissèque cette question en prenant la tournée *Eras* comme sujet d'étude. Elle déclare : « Pendant les concerts de la tournée *Eras*, quand Miss Swift chante "Look What You Made Me Do", toutes les anciennes Taylor sont incarnées par des danseuses portant chacune une tenue différente dans une petite boîte de verre différente – tous

DOUBLE PAGE PRÉCÉDENTE Madonna et Taylor sur la scène des iHeartRadio Music Awards 2015, à Los Angeles, Californie.

ces mini-moi du passé, enfermés dans leur propre espace limité, dans leurs vieilles garde-robes, pour finalement se libérer. Difficile de passer à côté d'une telle métaphore de la mode. »

L'une des femmes artistes à laquelle elle faisait référence dans cette remarque de *Miss Americana* n'était autre que la grande Madonna Louise Veronica Ciccone, qui fut reine de la pop pendant la plus grande partie des années 1980 et 1990 (et dont, bien sûr, les singles figurent en tête des classements aujourd'hui encore). Taylor a mentionné l'influence de Madonna tout au long de sa carrière, y compris dans une interview pour *Billboard Magazine* en 2013, dans laquelle elle évoque le talent de la star pour se renouveler sans cesse, déclarant : « Un élément de la carrière de Madonna qui occupe vraiment le centre de la scène, c'est le nombre de fois où elle s'est réinventée. C'est plus facile de rester dans un look, une zone de confort, un style musical. C'est stimulant de voir quelqu'un dont la seule qualité prévisible est d'être imprévisible. » En 2015, la carrière de Taylor s'était propulsée à un niveau de célébrité qui modifia la perspective de la chanteuse : d'admirer Madonna de loin, elle en vint à interpréter le morceau « Ghosttown » (l'une des chansons de l'album de Madonna de 2015, *Rebel Heart*) à ses côtés aux iHeartRadio Music Awards, véritable témoignage de son succès.

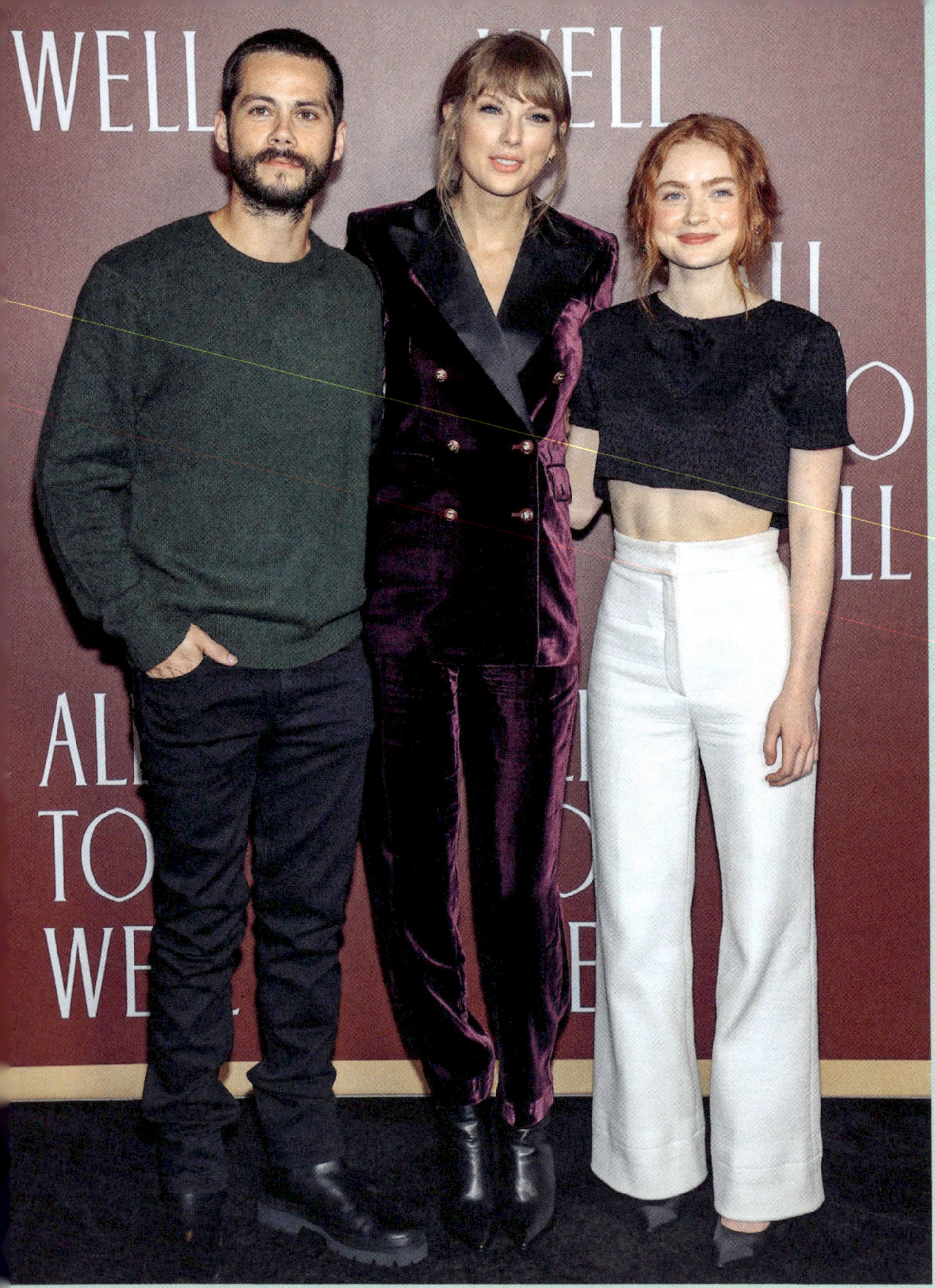
WELL

Nouvelles époques

Taylor a démontré une ampleur bien au-delà de ce que quiconque aurait cru possible quand elle fit son entrée dans la sphère publique, Boucle d'Or adolescente, et il est presque impossible de savoir où sa carrière l'emmènera par la suite. En plus d'être chanteuse et autrice-compositrice, son parcours comprend des rôles dans des productions cinématographiques, dont un caméo dans le film de 2014 *The Giver*, le rôle d'un espiègle chat du Bengale (Bombalurina) dans la comédie musicale *Cats* (2019) et une brève apparition dans *Amsterdam* (2022). Elle s'est essayée à la création de vêtements – d'abord à l'âge de dix-neuf ans, quand elle dessina une ligne de robes d'été pour Walmart, puis pour une collection d'habits inspirés par *Lover* en 2019 avec Stella McCartney (un écart qui, à lui seul, démontre son évolution stylistique). Ses talents de réalisatrice ne sont pas non plus un secret, car elle a réalisé un grand nombre de ses clips, de celui de «Mine» (2010), à celui de «Bejeweled» (2023). Son court-métrage de 2021, *All Too Well: The Short Film*, lui apporta également une impressionnante série de récompenses, dont la Meilleure réalisation aux MTV Video Music Awards 2022 et fut projeté aux prestigieux festivals du film de Tribeca et Toronto en 2022.

Le 12 novembre 2021, Taylor assista à la première new-yorkaise de *All Too Well: The Short Film* aux côtés des stars Dylan O'Brien et Sadie Sink.

« Swift cherche toujours des moyens de donner un nouveau souffle à **son récit** *– et jusque-là, elle est la* **championne** *incontestée de cette approche. »*

RHIAN DALY, *NME*

Taylor porte une robe saisissante de David Koma sur le tapis rouge des MTV Europe Music Awards 2022, à Düsseldorf, en Allemagne.

Düsseldorf
2022
Paramount+
MTV
EMA
Düsseldorf
2022

AYLOR SWIFT
HE ERAS TOUR
OCTOBER 13
THE ERAS
TAYLOR SWIFT
SAM WRENCH

Il est évident que les talents de Taylor sont très variés – et nous commençons seulement à voir ce dont elle est capable. L'impact de cette artiste protéiforme fut résumé par le journaliste d'*i-D* Tom Haynes, dans un article intitulé «Taylor Swift a atteint le sommet, ne fera-t-elle plus que descendre?», en 2023. Il y déclarait: «Quoi qu'on en pense, c'est le monde de Taylor Swift et nous ne faisons qu'y vivre, même le FBI semble le penser» – en référence à une image partagée sur Twitter en juillet 2023, qui utilisait le visuel de *Speak Now* pour encourager le public à dénoncer les crimes avec ce message: «Vous pouvez aider le *#FBI* à protéger le pays. Si vous avez des informations à propos d'un crime fédéral, *speak now* [parlez maintenant]». Haynes poursuivait en soulignant la quantité de tickets vendus pour la tournée *Eras*, qui fut même évoquée au Parlement britannique, lorsqu'un député de Cardiff souleva la question de la revente de billets et de l'opportunisme de vendeurs malhonnêtes qui demandaient dix fois leur valeur nominale.

Alors que les entreprises créatives de Taylor continuent d'évoluer dans différentes disciplines et différents marchés, sa garde-robe et son indéniable talent pour utiliser la mode afin de faire vivre ses messages en font de même – et ses fans seront là pour admirer, imiter et disséquer ses looks tant que ce sera le cas.

Pour fêter la première du film *Taylor Swift: The Eras Tour* le 11 octobre 2023, Taylor porte une robe à découpes bleu ciel Oscar de la Renta.

Index

Les numéros de page en italique renvoient aux légendes des photos.

Crédits photograhiques

Les éditeurs tiennent à remercier les sources d'images suivantes pour leur aimable autorisation de reproduction :

6-7 Swan Gallet / WWD / Penske Media / Getty Images ; 9 Jesse D. Garrabrant / NBAE / Getty Images ; 10-11 Araya Doheny / WireImage / Getty Images ; 12 Julian Da Costa / Abaca Press / Alamy Stock Photo ; 17 Michael Buckner / Getty Images ; 18 Ethan Miller / Getty Images ; 20 Jason Squires / WireImage / Getty Images ; 23 Jason Kempin / Getty Images ; 24 Frazer Harrison / ACM / Getty Images ; 25 Peter Kramer / Associated Press / Alamy Stock Photo ; 27 Charles Sykes / Associated Press / Alamy Stock Photo ; 28 Hoo-Me / Storms Media Group / Alamy Stock Photo ; 32-33 Charles Sykes / Associated Press / Alamy Stock Photo ; 35 Byron Purvis / AdMedia / Sipa US / Alamy Stock Photo ; 36-37 Kevin Mazur / WireImage / Getty Images ; 38 Alo Ceballos / FilmMagic / Getty Images ; 41 Frank Micelotta / Invision / Associated Press / Alamy Stock Photo ; 42 Devin Simmons / AdMedia / Sipa US / Alamy Stock Photo ; 45 Alo Ceballos / GC Images / Getty Images ; 46 David Crane / MediaNews Group / Los Angeles Daily News / Getty Images ; 50 TNYF / WENN Rights Ltd / Alamy Stock Photo ; 52-53 Greg Chow / ZUMA Press, Inc. / Alamy Stock Photo ; 55 Judy Eddy / WENN Rights Ltd / Alamy Stock Photo ; 57 Jamie McCarthy / WireImage / Getty Images ; 58 Gotham / GC Images / Getty Images ; 61 Tommaso Boddi / WireImage / Getty Images ; 63 TAS Rights Management / Getty Images ; 64 TAS Rights Management / Getty Images ; 67 Unique Nicole / Getty Images ; 68 Beulagpinkeu / Wikimedia Commons ; 70-71 Lisa Lake / TAS Rights Management / Getty Images ; 73 John Shearer / TAS Rights Management / Getty Images ; 74 Gotham / GC Images / Getty Images ; 76 Axelle / Bauer-Griffin / FilmMagic / Getty Images ; 83 Marc Piasecki / FilmMagic / Getty Images ; 84 Raymond Hall / GC Images / Getty Images ; 87 Papjuice / Bauer-Griffin / GC Images / Getty Images ; 88 Kristin Callahan / Everett Collection Inc / Alamy Stock Photo ; 90 MEGA / GC Images / Getty Images ; 91 Robert Kamau / GC Images / Getty Images ; 93 WENN Rights Ltd / Alamy Stock Photo ; 94 Jason Kempin / TAS Rights Management / Getty Images ; 97 Imaginechina Limited / Alamy Stock Photo ; 98-99 Matt Sayles / Invision / Associated Press / Alamy Stock Photo ; 100-101 Tommaso Boddi / WireImage / Getty Images ; 102-103 Michael Loccisano / Getty Images ; 104 Jeff Kravitz / TAS Rights Management / Getty Images ; 106 Jeff Kravitz / TAS Rights Management / Getty Images ; 108-109 Jeff Kravitz / TAS Rights Management / Getty Images ; 111 Dimitrios Kambouris / WireImage / Getty Images ; 114-115 Charles Sykes / Invision / Associated Press / Alamy Stock Photo ; 117 Axelle / Bauer-Griffin / FilmMagic / Getty Images ; 118 Larry Busacca / Getty Images ; 120 John Shearer / Getty Images ; 122-123 Jay L. Clendenin / Los Angeles Times / Getty Images ; 127 Xavier Collin / Image Press Agency / Alamy Stock Photo ; 128-129 Evan Agostini / Invision / Associated Press / Alamy Stock Photo ; 133 Shutterstock ; 134 NCP / Star Max / GC Images / Getty Images ; 137 FameFlynet / Splash News / Shutterstock ; 138 Gotham / GC Images / Getty Images ; 139 Gotham / GC Images / Getty Images ; 141 Swarbrick / INFphoto / Cover Images ; 143 Neil Mockford / FilmMagic / Getty Images ; 144 NCP / Star Max / GC Images / Getty Images ; 147 Gotham / GC Images / Getty Images ; 149 Emily Woodfield ; 150 Gotham / GC Images / Getty Images ; 153 NCP / Star Max / GC Images / Getty Images ; 154 FameFlynet / Splash News / Shutterstock ; 156 WENN Rights Ltd / Alamy Stock Photo ; 157 Splash News / Shutterstock ; 158 Gotham / GC Images / Getty Images ; 159 Gotham / GC Images / Getty Images ; 161 Paul J. Froggatt / FamousPixs / Alamy Stock Photo ; 162 Axelle / Bauer-Griffin / FilmMagic / Getty Images ; 167 Richard Shotwell / Invision / Associated Press / Alamy Stock Photo ; 168 Axelle / Bauer-Griffin / FilmMagic / Getty Images ; 171 Amy Sussman / Getty Images ; 172-173 Bob Levey / TAS Rights Management / Getty Images ; 175 WENN Rights Ltd / Alamy Stock Photo ; 176 Raymond Hall / GC Images / Getty Images ; 177 Splash News / Shutterstock ; 178 Imaginechina Limited / Alamy Stock Photo ; 180 Raymond Hall / GC Images / Getty Images ; 181 Gotham / GC Images / Getty Images ; 184-185 Kevin Mazur / WireImage / Getty Images ; 186 Robert Kamau / GC Images / Getty Images ; 191 Amy Sussman / Getty Images ; 194-195 Gary Coronado / Los Angeles Times / Getty Images ; 196 Gotham / GC Images / Getty Images ; 199 Gotham / GC Images / Getty Images ; 202-203 Anthony Behar / Sipa US / Alamy Stock Photo ; 205 Adele McDonald, Photo by Marissa Alper ; 207 Kevin Mazur / TAS Rights Management / Getty Images ; 210-211 Kevin Mazur / Getty Images ; 214 Dimitrios Kambouris / Getty Images ; 217 Kevin Mazur / WireImage / Getty Images ; 218 Chris Pizzello / Associated Press / Alamy Stock Photo.